D0477042

O Gell y Cof

Powys

37218 00575717 9

Cyflwynaf y gyfrol i Huldah, fy nghymar oes;
i'n pedwar plentyn – Gwyneth, Gwawr, Aled a Menna;
ac i'r wyrion – Geraint, Glesni, Wmffre, Islwyn
ac er cof am y diweddar Gethin.

T. MELFYDD GEORGE

O Gell y Cof

yLlolfa

Argraffiad cyntaf: 2016

© Hawlfraint Melfydd George a'r Lolfa Cyf., 2016

Mae hawlfraint ar gynnwys y llyfr hwn ac mae'n anghyfreithlon
llungopïo neu atgynhyrchu unrhyw ran ohono trwy unrhyw
ddull ac at unrhyw bwrpas (ar wahân i adolygu) heb gytundeb
ysgrifenedig y cyhoeddwyr ymlaen llaw

Llun y clawr: Emyr Rhys Williams
Cynllun y clawr: Y Lolfa

Rhif Llyfr Rhyngwladol: 978 1 78461 315 0

Cyhoeddwyd, rhwymwyd ac argraffwyd yng Nghymru gan
Y Lolfa Cyf., Talybont, Ceredigion SY24 5HE
gwefan www.ylolfa.com
e-bost ylolfa@ylolfa.com
ffôn 01970 832 304
ffacs 832 782

Cynnwys

Bore oes

CEFAIS FY NGENI ar y chweched ar hugain o Awst 1931. Yr arfer bryd hynny oedd rhoi genedigaeth gartre. Roedd fy nhad a'm mam yn byw ar y pryd yn Nhŷ Llwyd, rhyw hanner ffordd rhwng pentre Trewyddel a thraethell caregog Ceibwr. Adeg fy ngeni roedd fy nhad yn gweithio ar fferm Pantygroes, rhwng Trewyddel a Nanhyfer. Yn ôl yr arfer eto, dybia i, aeth fy mam yn ôl at ei mam, fy mam-gu, i Dŷ Llwyd Bach, Cipyn, sydd bellach yn adfail, i roi genedigaeth.

Roedd fy mam-gu, Hannah Evans, yn hanu o Rock House, Dinas Cross, sef tyddyn ar ochr y mynydd. Oherwydd prysurdeb ei bywyd, ei harwyddair hi drwy ei hoes oedd 'Siarp at fwyd a siarp at waith'! Gan ei bod hi'n amal yn sefyll ar ei thraed i fwyta, dyma ei ffordd hi i'n cael ni i fwyta yn gynt er mwyn i ni roi mwy o help llaw iddi wrth ei gwaith o gwmpas y tyddyn.

O ardal Maenclochog roedd fy nhad-cu, Thomas Melchior Evans, yn dod. Roedd yn arferiad gan ei deulu i ddefnyddio'r enw Letitia yn enw canol i'r merched, a Melchior i'r bechgyn. Wn i ddim pryd y dechreuodd yr arferiad, ond mae'n debyg ei fod yn mynd 'nôl i hen deulu Fferm Llandeilo. Fel y soniais, enw fy nhad-cu oedd Thomas Melchior Evans. Roedd Letitia yn enw ei chwaer, a'i merch hefyd yn Letitia. Margaret Letitia oedd enw fy mam, ac mae gennyf wyres – Glesni Letitia – sydd yn cadw'r traddodiad i fynd.

Yn *Hanes Cwm Gwaun* y mae sôn am Arthur Melchior Evans (brawd fy mam) yn dechrau yn yr ysgol o Rwsia, tyddyn y teulu ar y ffordd o Dinas Cross i Gwm Gwaun, sydd hefyd yn adfail erbyn hyn. Aled Melsior yw fy mab (tipyn o chwarae ar y sillafu arferol o'r enw, a fy enw i – Mel o Melfydd a Siôr, sef yr enw Cymraeg am George). Ac mae'r genhedlaeth nesaf hefyd yn cario'r enw yn ei fab yntau, Islwyn Melchior.

Roedd fy nhad-cu wedi bod yn ymladd yn y Rhyfel Byd Cyntaf (1914–18) a threuliodd amser yn yr Aifft yn cario bwyd i'r milwyr â wagen a miwlod yn y ffosydd. Ni chafodd ei glwyfo ond fe gafodd y nwy mwstard effaith hirdymor ar ei ysgyfaint. Pan fyddai'n cael annwyd fe fyddai'n dioddef yn embyd gyda symptomau tebyg i'r fogfa, ac yn fyr ei ana'l.

Pan own i tua blwydd oed symudodd fy nhad i weithio i Maneian Fawr, oedd bryd hynny tua phum can erw, a symud i fyw i Cwmdeifo Uchaf, tyddyn ar dir y fferm. Mae gen i atgofion cynnar iawn o'r cyfnod hwnnw. William Jones oedd yn ffermio Maneian, ac rwy'n cofio meddwl ar y pryd ei bod yn rhyfedd bod dyn yn torri bara menyn, ond yntau fyddai'n gwneud y ddylestswydd honno bob amser er bod ganddo ddwy forwyn.

Yn gweithio gydag ef ar y fferm roedd ganddo ddau fab, Alfred a Wili; dwy forwyn, Lissie a Fflorie; pedwar gwas sef Tom, Alffi, John a 'nhad. Roedd yna ugain neu fwy o geffylau, gwartheg, moch a defaid, er dwi ddim yn cofio eu niferoedd. Ond rwy'n cofio eu bod yn godro nifer go lew o wartheg, ac yn separatio'r llaeth (fel fydden i'n dweud ar lafar gwlad am wahanu'r hufen wrth y llaeth). Byddent yn defnyddio'r llaeth sgim i fwydo'r lloi ac yn gwneud menyn i'w werthu o'r hufen, fel roedd yr arferiad ar y pryd. Rwy'n cofio'n dda am reswm arall. Wrth odro, byddent yn cario'r llaeth i'r llaethdy ac yn ei arllwys i'r badell fawr oedd ar ben y peiriant. Yna, pan fyddai'r badell yn llawn, byddent yn dechrau troi er mwyn gwahanu'r hufen.

Un tro, rown i yno adeg y godro, ac yn fy awydd i ddarganfod sut roedd pethau'n gweithio, dyma droi'r tap ac fe gollwyd yr holl laeth ar lawr. Er fy mod yn ifanc iawn, rhaid fy mod yn sylweddoli y byddai cosb yn dilyn, a dyma ffoi am fy mywyd i guddio yn y berllan. Rown i'n eu clywed nhw'n galw fy enw, ac yn galw ar ei gilydd i chwilio amdanaf. Rhaid eu bod yn credu bod rhywbeth rhyfedd wedi digwydd i fi – syrthio i'r llyn neu rywbeth tebyg! Mae'n rhaid eu bod mor falch i ddod o hyd i fi fel na chefais y goten haeddiannol a disgwyliedig!

Rown i wrth fy modd yn cael mynd gyda 'nhad i'r gwaith, er nad own i'n ddim ond rhyw dair neu bedair oed. Rwy'n cofio fel ddoe am John a Wili a 'nhad yn teneuo'r swêds a'r mangls ar eu pengliniau a Wili'n rhoi pin bach i fi a 'nanfon i bigo John yn ei ben ôl! Roedden nhw'n gwneud pob math o felltith!

Roedd John yn hoffi cyrraedd y gwaith o flân pawb arall, er ei fod yn byw yn Llandudoch. Un tro, roedd y lleill wedi trefnu bod ar y fferm o'i flân un bore, fy nhad yn cyrraedd chwap am bump o'r gloch, ond roedd John yno o'i flân ac ar ben yr helem yn toi… gan ofyn i 'nhad a oedd wedi cysgu'n hwyr!

Dro arall, rwy'n cofio'n dda cywain sgubau ac roedd gan Maneian Fawr wagen go fawr a dau geffyl yn ei thynnu, ond yr hydref arbennig hwnnw roedd hi'n dywydd gwlyb iawn ac roedd sawl man meddal yn y parc hwnnw. Parc ceffylau oedd e, os gofia i'n iawn. Roedd tipyn o lwyth ar y wagen a dyma'r olwynion yn suddo, felly fe fu raid mynd lawr i nôl dau geffyl arall cyn cael y llwyth hwnnw i'r ydlan yn go hwyr a'r lleuad yn ei phomp, ys dywedid.

Digwyddiad llawer mwy peryglus oedd cael ein danfon i dynnu llwyth o glai o draeth y Gwbert (er mwyn ei gymysgu gyda chwlwm) o'r tu draw i afon Teifi â chart a thri cheffyl un prynhawn. Croesi pan oedd y teid mas oedd y bwriad, ond erbyn cael llwyth roedd y teid wedi dod mewn a'r ceffylau'n nofio yn y man dyfnaf cyn cyrraedd yn ôl i draeth Poppit.

Roedd y rhan fwyaf o ffermydd yn cadw tarw bryd hynny ac fe fyddent mas yn y caeau gyda'r gwartheg. Doedd tarw potel ddim wedi cyrraedd eto. Un ochr i ardd Cwmdeifo roedd tarw byrgorn Clawdd Cam, a'r ochr arall roedd tarw Jersey Pantirion. Dwi ddim yn credu eu bod ar delerau da â'i gilydd oherwydd fe fyddent yn rhuo ac yn bytheirio nes bod y cwm yn crynu o'u hofon!

Rhyw bethau fel 'na sy'n dod i'r cof wrth edrych yn ôl ar ddechrau'r bererindod drwy'r hen fyd yma.

Erbyn hyn roedd gen i frawd, Haydn. Fe aeth yn rhyfel cartre rhyngom ni rhyw ddiwrnod yn yr ardd. Cefais wab ar fy mhen gyda chaib ac mae dal gen i'r graith i brofi mai colli'r frwydr wnes i!

Rwyf newydd sylweddoli bod fy rhieni wedi rhoi enwau teuluol i bump o'u chwe mab. Tomos ar ôl fy nau ddad-cu, sef Tomos Evans a Tomos George i fi; yr Arthur yn Arthur Haydn o Arthur Melchior, brawd fy mam; y William yn William Alun o fy hen dad-cu, sef William George; a'r David yn David Leonard y nesaf i gyrraedd o enw fy nhad sef David Percy; y pumed o chwech o frodyr oedd Gwilym Derfel, ar ôl brawd dad-cu, Gwilym George. Rhaid eu bod wedi rhedeg mas o enwau erbyn i'r chweched gyrraedd oherwydd dim ond un enw gafodd ef, sef Teifion. Fe oedd y babi trymaf i gael ei eni yn ysbyty Aberteifi ar y pryd – yn ddeuddeg pwys a thri chwarter! Roedd staff yr ysbyty am ei enwi yn Winston ar ôl Winston Churchill, am fod gwar fel Churchill ganddo mae'n debyg!

Daeth yr amser i fi ddechrau'r ysgol, ac roedd y daith gerdded o Gwmdeifo i Landudoch yn ormod i blentyn pum mlwydd oed bob dydd ac ym mhob tywydd. Bu'n rhaid symud eto, yn ôl i dyddyn arall, sef Garnwen yn ymyl Ceibwr, ar dir Cwm Connell lle cafodd fy nhad waith fel gwas mowr. Y cyflog iddo oedd £1 yr wythnos, tato at ddefnydd y tŷ, ambell i winshin o lafur i'r ieir, a pharchell am wylad y cesyg wrth ddod ag ebolion (am bob ebol byw). Hefyd, roedd buwch yn y glowty er mwyn i ni gael llaeth a menyn, mochyn yn y twlc i gael bacwn, a gieir ar y clos i gael wyau, fel bod 'na fwyd ar y ford bob amser.

Roedd buwch go dda gan Mam. Buwch goch. Siw oedd ei henw a phan fyddai'n godro ar ei gorau fe fyddai Mam yn gwerthu rhyw saith pwys o fenyn yr wythnos ar ôl diwallu angen y teulu. Yn anffodus, diwedd digon trist fu rhan yr hen Siw. Wrth ymestyn am ryw damaid blasus fe lithrodd a syrthio i ffos go ddofn sydd yn rhedeg o Geibwr i fyny i Bencastell, gan dorri ei gwddwg.

Wel, dyma'r diwrnod wedi dod i fi ddechrau'r ysgol.

Ychydig i fyny o Garnwen, eto ar dir Cwm Connell, roedd tyddyn arall, Cwm Tawel (er mai fel 'Cwm' roedd yn cael ei adnabod yn lleol). Ac yn dala llaw dwy o ferched y Cwm, Let a Cymraes, yr es i i'r ysgol am y tro cyntaf.

Ar y cyfan, roedd yn gyfnod digon derbyniol er na alla i ddweud fy mod yn ddisgybl delfrydol. Roedd gen i lawer mwy o ddiddordeb ar y pryd yn y ceffylau a'r gwartheg nag oedd gen i mewn llyfrau.

Yr un prifathro oedd ar yr ysgol pan adewais i a phan y dechreuais – sef DJ – David John Morse.Wrth edrych yn ôl, rhaid ei fod yn athro go dda, pe bai ond am iddo fedru ein diodde ni oedd yn peri tipyn o broblem iddo ar brydiau! O gymharu â'r drygioni a gyflawnir gan rai o'n hieuenctid heddiw mae'n debyg ein bod yn saint! Ond roedd ambell i branc yn cael ei chwarae bryd hynny hefyd, fel gollwng yr aer mas o deiars moto-beic y prifathro!

Rwy'n cofio, un tro, rai o'r bechgyn hŷn (gwell peidio â'u henwi) yn clymu twein o'r gloch i ddrws y tai bach oedd pen ucha'r iard. Bob tro y byddai un o'r plant yn mynd i'r tŷ bach fe fyddai'r gloch yn canu ac fe fyddai'r prifathro'n rhuthro mas i gael gweld pwy oedd yn gwneud y fath rialtwch... ac yn gweld neb. Y diwedd ar adeg fel yna oedd bod pawb yn cael eu cosbi am rywbeth y byddai un neu ddau wedi ei wneud.

Arferai'r prifathro fyw yn y pentre, ond erbyn i fi ddechrau'r ysgol roedd wedi symud i fyw i Aberteifi a byddai'n teithio bob dydd ar ei foto-beic am gyfnod nes iddo gael Morris 8. Pan na fyddai yn ei hwyliau (ac roedd hynny'n weddol amal) byddai'n bloeddio yn ei Saesneg gorau, 'I will drop these hands on you like a tonne of bricks', ac yna'n ein danfon i olchi'r Morris fel cosb.

Miss Ady Johnson, Cwmbach, oedd athrawes y plant bach. Credaf ei bod wedi ei geni i fod yn athrawes. Roedd yn hynod garedig, a'r cof sydd gennyf yw ei bod yn trin pob un ohonom fel pe byddem yn blant iddi. Fel DJ Morse, bu Ady Johnson hithau yn yr ysgol drwy'r holl amser y bûm i yno. Ac, wrth gwrs, rhaid cofio bod y cyfnod yma yn gyfnod yr Ail Ryfel Byd (1939–45), ac fel pob ardal arall bu'n rhaid i aelwydydd Trewyddel dderbyn nifer go dda o ifaciwîs. Os cofiaf yn iawn, o ardal Chingford yn Llundain roedd y plant yma wedi dod. Methodd llawer ohonyn nhw ymdoddi i'r ardal wledig, Gymreig a Chymraeg yma, gan ddychwelyd i Lundain yn go fuan. Chymerodd hi fawr o dro i'r gweddill ddysgu Cymraeg. Roedd yn rhaid iddynt, mewn ffordd, oherwydd roedden ni yn uniaith Gymraeg.

Miss Mallt Williams, Plas Pantsaeson, fu'n mynd o gwmpas yn trefnu ar gyfer eu dyfodiad i'r ardal. Roedd rhai yn dewis merch, arall am fachgen, ambell i deulu yn fodlon cymryd dau os oedd ganddynt ddigon o le. Ond yr ymateb a gafodd mewn un tŷ oedd, yn ei Saesneg gorau, 'Franses and me in one room, potatoes and flowers in the other room. No *faciwîs*.' Roedd Miss Mallt Williams yn barchus iawn yn yr ardal ac yn gefnogol iawn i amryw o achosion da. Mae'n debyg iddi gyfrannu swm sylweddol o arian i Blaid Cymru pan gafodd ei ffurfio yn 1926.

Yn ystod cyfnod y faciwîs yn yr ysgol daeth Mrs Peregrine o Aberteifi i gynorthwyo fel athrawes ychwanegol. Roedd hi'n lawer mwy llym ei disgyblaeth na Miss Johnson a Mr Morse, a doedd dim hiraeth arnon ni pan ddaeth ei chyfnod gyda ni i ben.

Yn ystod y rhyfel roeddem wedi cael ein rhybuddio rhag siarad â'r un dieithryn ddeuai i'r ardal, ac i beidio ateb unrhyw gwestiynau a ofynnid ganddynt, rhag ofn mai ysbiwyr Almeinig oeddent. Ac un diwrnod fe ddaeth cardotyn drwy'r pentre a gofyn, yn Saesneg, y ffordd i Drecŵn ac un ohonom yn ei ateb, 'Sorry, we don't speak any English'. Yn rhyfedd, yn y papur lleol yr wythnos ddilynol roedd hanes bod *spy* wedi cael ei ddal yn yr ardal.

Digwyddiad arall achosodd tipyn o bryder i'r ardal ar yr adeg yma oedd un o'r gwragedd yn mynd mas i'r cwt glo i nôl cwlwm i stwmo'r tân cyn mynd i'r gwely un noson a rhywun yn rhuthro heibio iddi pan agorodd y drws, ac yn diflannu i gyfeiriad yr afon oedd yn mynd trwy'r pentre ar ei ffordd i'r môr yng Ngheibwr. Dwi ddim yn meddwl bod neb wedi darganfod pwy oedd y gwalch hwnnw ond fe achosodd lawer o ofid ac ofon mynd mas yn y nos i ni ar y pryd.

Roedd cymeriadau lliwgar ym mhob ardal yn y cyfnod hwnnw, am wn i, ac felly roedd hi yn Nhrewyddel hefyd. Cymerwch John Gwynne, er enghraifft. Roedd yn gwisgo cap capten a phig gwyn ac yn hoffi cael ei gyfarch bob amser fel Capten Gwynne. Mae'n debyg ei fod wedi gwneud un fordaith forwrol, rywbryd!

Cymeriad amlwg arall oedd Dai Williams, hen lanc oedd yn byw ar ei ben ei hunan yng nghanol y pentre. Fe fyddai'n arferiad gan fechgyn yr ardal ymgasglu gyda'r nos i basio'r amser, i drafod hyn ac arall, ac i chwarae ambell i dric ar hwn a'r llall. Roedd un neu ddau wedi dechrau cnoco ar ddrws Dai ac yna cuddio pan fyddai'n ateb y drws. Ar ôl i hyn ddigwydd am sawl noswaith dyma Dai yn cael gair gyda PC Dai, *bobby*'r cylch oedd yn byw yn Llandudoch. Dyma drefnu ei fod yn dod lawr i Drewyddel yn weddol gynnar un noson, yn mynd â'i feic i fewn i'r gegin ac yn aros am gnoc y bechgyn ar y drws er mwyn pownso ac yna ddal pwy bynnag oedd yn gyfrifol. Ond cyn i'r cynllun gael ei roi ar waith, unwaith i'r bechgyn ddechrau cyrraedd, dyma Dai mas i'w rhybuddio ei bod yn well iddynt fihafio'r noson honno am fod y *bobby* yn y tŷ gydag e! Doedd y PC ddim yn meddwl bod hynny'n ddoniol!

Cymeriad arall oedd John James, Glandwrceibwr, neu Jac Landwr fel y byddai'n cael ei adnabod gan bawb yn yr ardal. Mae arallgyfeirio yn beth mawr heddiw ond roedd Jac wedi arallgyfeirio o flaen pawb arall, dybia i. Nid yn unig roedd yn ffermio, ond roedd hefyd yn dal cwningod dros ardal go eang yn y gaeaf. Ef hefyd oedd lladdwr moch y fro, ac yna yn yr haf byddai'n troi'n bysgotwr crancod a chimychiaid. Roedd ganddo storfa wedi ei hangori y tu fas i Geibwr. Fe fyddai'n rhwyfo o un cawell i'r llall yn ddyddiol os byddai'r tywydd yn caniatáu ac yna'n gwacáu helfa'r wythnos ar nos Iau ac yn ei gyrru i ddal y trên yn Aberteifi. Y Cardi Bach fyddai'n eu cludo ar eu siwrne i fyrddau'r byddigions yn Llundain.

Rhaid bod y pysgota yn talu oherwydd rwy'n cofio cwch mawr a pheiriant yn ei yrru yn cyrraedd Ceibwr ac roedd noson wedi ei threfnu ar gyfer y lawnsiad swyddogol. Roedd tyrfa dda wedi dod ynghyd ac wedi ei gael i'r dŵr, dringodd pawb i mewn a chael mordaith lan at Poppit. Ond pan aed i edrych ar y cwch fore drannoeth wrth fynd i'r ysgol roedd wedi suddo 'o dan y môr a'i donnau'.

Gyda llaw, roedd priod Jac Landwr yn chwaer i fy mam-gu, ar ochor fy nhad, Anti Rahel. Y cof sydd gennyf yw ei bod yn cadw llawer o ieir, a'r peth arall, ei bod yn pobi ar ddydd Iau a'n bod yn galw ar y ffordd adre o'r ysgol i gael cwgen ffresh yn syth o'r ffwrn a thelpyn o fenyn cartre yn toddi arni. Rwy'n gallu ei blasu'n awr!

Y cenedlaethau o'm blaen

YN OGYSTAL AG Anti Rahel, roedd gan fy mam-gu (mam fy nhad) bump o chwiorydd eraill a dau frawd. Ond dim ond Anti Edith yn y Gilfach, ac Anti May yn Rhosfach, Bridell, oedd wedi aros yn yr ardal. Yn Rhydyfantwn roedd fy nhad-cu a fy mam-gu (Tomos ac Elisabeth George) yn byw ac roedd ganddynt wyth o blant, sef pedwar mab a phedair merch – Beatris, yr hynaf; Percy (fy nhad) yn ail; y gweddill oedd Rhoda, Tudor, Gordon, Martin, Eunis a Tilly. Bu fy mam-gu farw pan oedd tua deugain oed felly ches i ddim ei hadnabod hi.

Dwn i ddim sut y daeth fy nhad-cu i ben â magu wyth o blant, o gofio hefyd ei fod wedi colli ei olwg ac yn hollol dywyll yn ei ddwy lygad. Ac eto, roedd ganddo ddoniau arbennig. Rwy'n cofio mynd gydag e i chwilio am ddŵr pan own i'n blentyn. Fe fyddai'n cael gwialen ac yn ei dal â dwy law o'i flaen, yna'n cerdded yn araf nes y byddai'n ei theimlo yn cyffroi. Byddai'n aros, yn rhoi ei ffon ar lawr ac yna'n ei dal eilwaith nes ei fod yn hapus ei fod uwchben y dŵr. Fe fyddai hefyd yn dweud wrth y ffermwr pa mor ddwfwn byddai'n rhaid iddo gloddio cyn dod o hyd i'r cyflenwad dŵr. Dawn arbennig y dewin dŵr.

Fe wnaeth fy nhad-cu ailbriodi a symud i fyw i Frynhyfryd, Trewyddel. Fe fyddwn i nid yn unig yn

edrych mlân at y Sul er mwyn cael mynd i'r Tabernacl
ond hefyd at fynd i Frynhyfryd i gael cinio a the rhwng
yr oedfaon. Roedd gan Anti Meri (fel yr adwaenem
hi) lond cwpwrdd o lyfrau ac rown i wrth fy modd yn
chwilota drwyddynt. Yn wir, rown yn cael fy annog i
wneud hynny ac i ddarllen i Dad-cu. Yr hyn rown i'n
methu ei ddeall oedd, o gofio ei fod yn hollol dywyll, sut
oedd yn gwybod pan fyddwn yn gwneud camgymeriad?
Roedd yr un peth yn wir yn yr ysgol Sul hefyd. Pan
fyddai ei ddosbarth yn gwneud camgymeriad wrth
ddarllen pennod fe fyddai'n dweud nad oedd yn swnio'n
iawn.

Un tro, rown i wedi mynd lan ato o'r ysgol rhyw nos
Iau er mwyn mynd gydag e i'r oedfa weddi wythnosol.
Roedd hi'n nosi'n gynnar ac roeddem yn eistedd o
gwmpas y tân yn y tywyllwch. Rown i'n methu deall
pam nad oedd yn cynnau lamp. Cefais fwy o syndod fyth
pan gododd a dweud ei fod yn mynd i siafio. Rhoddodd
y tegell ar y tân i gael dŵr berw, dechrau hogi'r raser
ac yna siafio yn y tywyllwch heb na golau na drych.
Wrth gwrs, fyddai'r un o'r ddau o werth iddo gan ei fod
yn dywyll. Rown i'n meddwl y byddai'n siŵr o dorri ei
hunan!

Roedd Dad-cu'n aelod o'r cyngor plwyf ac fe fu'n
gadeirydd ar fwy nag un achlysur. Yn ogystal â bod yn
siaradwr cyhoeddus penigamp byddai'n cyfansoddi
penillion ar gyfer achlysuron arbennig. Unwaith fe
gyfansoddodd gyfres o benillion talcen slip ar gyfer
pob un o dai'r pentre, gan ddechrau yn y pen ucha yn
Bardsey View a gweithio bob cam i lawr at waelod y
pentre. Roedd pob pennill yn dechrau gyda 'Dewch nes
lawr', fel hon:

Dewch nes lawr i Plas Bach,
Yno mae Wil Owen yn byw.
Pan oedd yn yr ardd un diwrnod
Yn palu un o'r pame*
Daeth hen drempyn heibio,
Aeth bant ag un o'i gryse.

* 'pame' = adrannau o ardd. Unigol 'pâm'

Rwy'n cofio fy nhad-cu, Tom George, yn dweud wrtha i sut roedd ei dad (Dac) yn tyfu gwair i'w fuwch ar ynys fach o dan Pencastell lle roedd yn byw (tyddyn ar dir Treryffith sydd wedi diflannu ers blynyddoedd lawer). Roedd yn gwneud tas o wair ar yr ynys fach ac yn ei gario ar ei gefn yn ôl y galw i fwydo'r fuwch yn ystod y gaeaf. Gwaith peryglus, gan mai dim ond llwybr cul oedd yn ei chysylltu â'r tir mawr. Ac yna, un noson ym mis Medi, storm ddeuse gan chwythu'r das i'r môr. Y gaeaf hwnnw fe gafodd Dac ganiatâd i gario plet o wair i'r fuwch ar ei gefn yn ôl yr angen o Dreryffith i lawr i Bencastell. Tipyn o daith. Mae'r llwybr cul (neu'r 'cowrw' fel bydden nhw'n ei alw), fel y das wair, bellach wedi hen ddiflannu i'r môr. Nid yn unig mae'r llwybr wedi diflannu ond mae darnau helaeth o'r ynys ei hun hefyd, bellach. Rhaid bod y graig yn go feddal oherwydd mae mwy a mwy ohoni yn syrthio bob tro mae storm.

O fynd yn ôl genhedlaeth at 'Dac', fy hen dad-cu, rwy'n ei gofio'n dda. Roedd yn 90 oed pan fu farw yn 1940. Roedd yn un o saith o blant. Bu chwech ohonynt farw yn ifanc o'r diciáu, a'r hyn sy'n rhyfedd yw eu bod wedi eu claddu yn yr un bedd yng Nghapel Caersalem Dyfed, Cwm Gwaun. Gyda llaw, angladd Dac oedd yr angladd gyntaf i fi fod ynddi erioed, pan rown i'n naw oed.

Roedd gwraig Dac, Margaret (1854–1912) – fy hen fam-gu a fu farw cyn fy ngeni – yn chwaer i'r enwog Pegi Lewis a wrthododd dalu'r degwm yn y 1880au ac a lusgwyd i'r llys gan yr eglwys wladol. Pegi Lewis a orfu, ac fe ddywed gwasg y cyfnod ei bod yn llawer mwy enwog na David Lloyd George hyd yn oed! Tua 1890 fe enillodd Watcyn Wyn gystadleuaeth ar y testun 'Pegi Lewis, Arwres Rhyfel y Degwm'. Mas o'r chwe deg saith oedd wedi cystadlu, daeth i'r brig gan y beirniad a chael £5 o wobr, a oedd yn swm sylweddol bryd hynny. Mae'r gân fuddugol yn llyfr *Hen Faledi Ffair* gan Tegwyn Jones a dyma hi (i'w chanu ar dôn 'Claddu'r Mochyn Du'):

Cydnesewch bob un sy'n dewis
Clywed hanes Pegi Lewis
A ddaeth allan megis Buddug
Yn frenhines gwlad fynyddig.

Cytgan:
Os bu 'rioed ganu clod (x2)
Hanes Pegi ga' i fynegi
Tra bod hanes Pegi'n bod.

Dim ond bwthyn a tho brwynog,
Beudy bach a dwy fyswynog.
Dyma foddion ei bywolieth,
Dyma gastell buddugolieth.

Daeth y gelyn at y castell,
Rhoddodd rybudd ar yr astell
Fod y fuwch i gael ei gwerthu
Ar allor crefydd i'w haberthu.

Ga'dd y fuwch ei chloi i fyny
Yn y beudy i newynu,
Yno brefai yn glymedig
Foliant crefydd sefydledig.

Ond os oedd 'y cyflogedig'
Am gadw'r eidion yn glymedig
Roedd Pegi Lewis wedi gwylltu,
Yn tyngu gwnâi ei dadgysylltu.

Dadgysylltiad fynnodd Pegi,
Dywedai rhai ei bod yn tyngu,
Ni chaiff aerwy unrhyw Dori
Gadw'r fuwch rhag mynd i bori.

Ymhen misoedd dôi'r boneddwr
Sydd dros y gwan yn ymgeleddwr
I geisio'r fuwch i'r beudy brwynog,
Ond och, doedd yno'r un fyswynog.

Roedd y fuwch mewn gwellt cynyddol
Yn gwir fwynhau 'rhyddid crefyddol',
Yn llamu'n rhydd o'r post-gysylltiad
A brefu cân y dadgysylltiad.

Llusgwyd Pegi i lys cyfiawnder
Gan gyfeillion hedd a llawnder,
Ond i'w thraddodi i'r dienyddwr,
Och! Ni ddaeth yr un cyhuddwr.

Y mae Pegi'n rhydd ei gwala,
Mae'r fyswynog heb ei dala,
Yn dychlamu ar fynyddoedd
Yn pori gwellt y mil blynyddoedd.

Ar yr adeg yma roedd y werin bobol, a oedd yn
anghydffurfwyr, yn gorfod talu degwm i eglwys y plwy
yn erbyn eu hewyllys. Felly roedd yr eglwys o dan y lach
gan fwyafrif pobol Cymru, ffaith a adlewyrchwyd yn
ymgais bardd oedd yn mynd o dan yr enw 'Garibaldi'
yn yr un gystadleuaeth:

Ar lannerch ym Mhenfro yr 'Estrones' ga'dd glwy,
Gan fenyw orchfygodd offeiriad y plwy,
Am fynnu y Degwm yr oedd yr hen frawd
Oddi ar Pegi Lewis, gwraig weddw dylawd.

Roedd Pegi'n gwrth'nebu mor gadarn â'r graig,
A'r ffeirad yn ymladd mor ffyrnig â'r ddraig.
Doedd dim â'i fodlonai ond cael y Deg-wm
Rhoes rybudd deng niwrnod nes danfon y 'Bwm'.

Er hynny, roedd Pegi mor gryf ag erioed,
Yn sefyll yn gadarn heb gilio led troed.
Roedd ganddi egwyddor yn rhoi iddi nerth.
Peth mawr yw egwyddor, nis gwyddom ei werth.

Fe ddaeth y Bwmbeili fel tipyn o sglaig,
A bu'n atafaelu ar fuwch yr hen wraig:
Rai misoedd aeth heibio heb wneuthur dim mwy
Ond ailddechre'r frwydr wnaeth ffeirad y plwy.

Anfonwyd y beili i'r frwydr drachefn
I edrych oedd gobaith cael pethau i drefn.
Roedd llu o heddgeidwaid yn dilyn y brawd
Rhag ofn Pegi Lewis, y weddw dylawd.

Ond bu'n aflwyddiannus, tra dyrys fu'r daith,
Roedd Pegi bryd hynny yn deall ei gwaith.
Ac yntau, pan fethodd â chanfod y fuwch
A gododd yr achos i lys ocdd yn uwch.

Ond gwelodd y ffeirad ei achos yn wan,
A thaflodd y cyfan i fyny'n y fan.
Bu Pegi'n fuddugol, rhesymol yw sôn,
A'r ffeirad byd-enwog newidiodd ei dôn.

Fe gafodd y truan wrth ymladd mor wael
Ei glwyfo'n druenus trwy dalu'r holl draul.
Daeth Pegi o'r frwydr yn iach heb un clwy
A Pegi 'Victorious' y gelwir hi mwy.

Yn Whitland, tyddyn rhyw dri chwarter milltir o
Drewyddel, y digwyddodd Rhyfel y Degwm, ac ar ôl
dyddiau Pegi bu Anti Lisi, chwaer Dad-cu, yn cadw
siop yno. Bu'n lloches i ni hefyd am gyfnod – un noson
anarferol o stormus fe chwythwyd to Garnwen i ffwrdd
a chan fod rhaid cael to newydd, cawsom dreulio rhai
dyddiau drwy garedigrwydd Anti Lisi yn Whitland.

Trewyddel

NAWR, ER YR holl symud gyda gwaith fy nhad o fferm i fferm ym more oes, roeddem ni'n aros yn ardal pentre Trewyddel ar waelod y cwm o gwmpas yr afon Awen. Trewyddel oedd ein canolfan ar hyd y blynyddoedd cynnar hynny. Ond beth am gael tipyn o hanes y pentre?

Yn ogystal â'r ysgol, roedd dau gapel, swyddfa bost a siop, dwy efail a gweithdy saer, gwerthwr glo a tacsi yn y pentre. Ac ar yr adeg yma roedd safle filwrol Trecŵn yn cael ei hadeiladu a dyma Bill Richards, Brodawel, yn gweld ei gyfle. Dechreuodd gydag un lorri fechan yn cludo rhyw hanner dwsin o bobol leol yng nghefn y lorri, gyda tharpowlin yn ychydig o gysgod iddynt ar bob tywydd ar eu ffordd i'r gwaith, ac yna'n cael gwaith i'r lorri trwy'r dydd cyn cludo'r gweithwyr 'nôl adre ar ddiwedd y dydd. Roedd y fenter mor llwyddiannus fel, cyn dim o dro, roedd rhaid prynu bws newydd. Bws *utility*, gyda seddi pren oedd e, a phan gyrhaeddodd, cafodd pobol y pentre eu trip cyntaf arno, a minnau'n eu plith. Gwir mai o'r fesen fechan y daw'r dderwen gadarn gref ac o'r dechreuad yna y tyfodd cwmni llwyddiannus y Brodyr Richards y mae ei fysys i'w gweld heddiw nid yn unig ar hyd ffyrdd Sir Benfro ond ar draws y wlad a'r cyfandir hefyd!

Roedd y ddwy efail yn wahanol iawn i'w gilydd. Os am bâr o bedolau ar eich clocs neu weithio cylch i ni'r plant chwarae ag e, fe aech i efail Clifford Davies. Roedd yn dipyn o ffefryn gyda ni'r plant. Roedd e a'i chwaer Elen yn byw ar draws y ffordd o'r efail yng Nglanawen. Roedd Elen yn dipyn o gymeriad. Roedd yn cadw gafar ac fe fyddai yn cael tipyn o drafferth i ddal yr hen afar er mwyn ei godro. Os byddai'n hwyr yn yr oedfa, er enghraifft, yr afar fyddai'n cael y bai.

Gan nad oedd gan dai y pentre ddŵr yn y cyfnod yma byddai pawb yn cario dŵr o'r pistyll sydd, gyda llaw, yn dal i redeg heddiw cystal ag erioed. Wel, un bore Llun, a rhai o'r gwragedd wedi ymgasglu i lanw eu stene a chael tipyn o glonc yn ôl yr arfer, dyma un ohonynt yn holi Elen pam nad oedd hi yn yr oedfa y noson cynt – yn enwedig gan eu bod yn dewis pregethwr ar gyfer y cyrddau pregethu blynyddol. Y gofyniad nesaf, wrth gwrs, oedd pwy oedd wedi ei ddewis. Wel, yr ateb oedd, 'Ar ôl tipyn o drafod, penderfynwyd rhoi'r cynnig cyntaf i'r Parchedig so a so, BA BD'. Ymateb Elen oedd, 'BA BD? Pwdrod bob amser!'

Ond os am bedoli ceffylau fe aech i efail Phil Morgan. Peth hollol naturiol, yn enwedig ar ddiwrnod gwlyb, oedd gweld dwsin neu fwy o geffylau yn disgwyl eu tro y tu fas i'w efail. Lawer tro ar ddyddiau Sadwrn y ces i'r orchwyl o fynd â cheffyl i'w bedoli dros ffermwyr y fro. Ac o, rown i'n meddwl fy mod yn ddyn a hanner!

Fel y dywedais eisoes, roedd dau gapel yn y pentre – Tabernacl, capel y Bedyddwyr, a Bethel, capel yr Annibynwyr. Bethel oedd y mwyaf o ran maint ac o ran nifer yr aelodau. Roedd mynd ar grefydd bryd hynny. Tair oedfa'r Sul a dim gweithio, dim ond yr hyn oedd raid. Fyddai neb yn meddwl gwneud dim ar y tir. Roedd hefyd oedfaon yn ystod yr wythnos, ac ambell i steddfod a drama a chyngerdd yn y festri (adeilad sydd, gyda llaw, yr un oed â fi).

Tabernacl oedd capel y Bedyddwyr ac yno yr addolai teulu fy nhad o'r cychwyn. Yn wir, roedd fy hen dadcu yn un o'r diaconiaid cyntaf pan agorwyd y capel yn 1895, sef William George – 'Dac' i ni. Mae'r Tabernacl wedi bod yn bwysig iawn i fi erioed. Roeddwn yn edrych mlân at y Sul ac yn mynychu pob oedfa – Sul, gŵyl a gwaith.

Yn 1933 cynhaliwyd Cymanfa Bedyddwyr Sir Benfro yn y Tabernacl ar ddyddiau Mawrth a Mercher, Mehefin y 6ed a'r 7fed. I ddangos pa mor abal oedd y Tabernacl a'r ardal i gynnal digwyddiad enfawr yn y dyddiau cynnar yma, dyma nodi'r digwyddiadau ar ddeuddydd y Gymanfa:

Dydd Mawrth:
10 o'r goch – cynhadledd;
2 o'r gloch – cynhadledd ac anerchiad y llywydd;
6.30 – cyfarfod pregethu, dau bregethwr a dwy bregeth.

Dydd Mercher:
7.30 – yr oedfa gyntaf, yn y capel;
10 o'r gloch – yr ail oedfa, mewn pabell enfawr ym mharc fferm yr Hafod gyda dau bregethwr yn pregethu;
2 o'r gloch – cyfarfod cenhadol y chwiorydd yn y capel; yn y babell roedd oedfa ddwyieithog a phregeth Gymraeg yn oedfa'r ysgol Sul;
6 o'r gloch – dwy bregeth eto, yn y babell.

Dyna beth oedd gwledd o gymanfa bregethu – naw pregeth mewn dau ddiwrnod ar ganol wythnos. Er fy mod i'n rhy ifanc i fod yn bresennol, rwy'n cofio Dadcu a Dac yn siarad yn fynych am y cyfnod – digon yn wir nes fy mod yn teimlo 'mod i wedi bod yna fy hun!

Yn yr afon sydd yn mynd heibio wal y capel y cafodd fy nhad ei fedyddio ar fore anarferol o oer. Cronni'r afon ar ddydd Sadwrn oedd yr arferiad ond roedd wedi rhewi'n galed erbyn y bore ac fe fu'n rhaid i Ernie Bowen dorri'r rhew â gordd cyn y bedydd. Roedd deuddeg yn cael eu bedyddio ar y bore rhewllyd hwnnw ond ni chafodd yr un ohonynt gymaint ag annwyd, yn ôl fy nhad.

Erbyn i mi gael fy medyddio roedd bedyddfa wedi ei hadeiladu o flaen y capel ac yno y cefais fy medyddio gan y Parch. Roger Jones. Yn nes mlân cefais fy ethol yn ddiacon – un o dri ddechreuodd ar y gwaith ar yr un pryd, sef y chwaer Meia Phillips, Aneurin Thomas, a minnau.

Roedd y Tabernacl a Gerasim (capel y Bedyddwyr, Cipyn) o dan weinidogaeth yr annwyl ddiweddar Barchedig Roger Jones, oedd yn 'Bregethwr Mawr' mewn cyfnod oedd yn enwog am fawrion fel y Parchedigion Jubilee Young, R. Parry Roberts, John Thomas, Blaenwaun a'i frawd James yng Nghaerfyrddin, ac amryw eraill. Roedd hefyd yn fardd, yn emynydd ac roedd ganddo golofn farddol yn y papur lleol (Y Teifi Seid) am flynyddoedd. Mae ganddo emynau yn *Caneuon Ffydd* a chyfrol o farddoniaeth *Awelon Llŷn* wedi ei chyhoeddi hefyd. Roedd yn arwr gyda ni'r plant ac roedd cyrddau nos Iau yn bwysig yn ein golwg.

Roedd mynd ar yr eisteddfod flynyddol a fe fyddai'n arwain bob amser. Yna, cyn y Pasg fe fyddai dysgu'r Pwnc yn mynd â llawer o'n hamser. Roedd yn cael ei gynnal am yn ail flwyddyn yn y Tabernacl a Gerasim ac fe fyddem yn cael dillad newydd ar gyfer yr achlysur bob blwyddyn. Byddai *sports* a the parti yn cael eu cynnal yng Ngheibwr yn ystod gwyliau'r haf a thrip yr ysgol Sul, rhan fynychaf gyda chart a cheffyl, i Draeth Mawr, Tydrath neu Poppit. Roedd yn adeg dda, er yn galed, i dyfu fyny.

Gyda llaw, pedwar gweinidog fu ar y Tabernacl ers ei sefydlu yn 1895 – dau Williams a dau Jones. Cafodd y ddau Williams yn eu tro alwad i Dabernacl, Pontarddulais. Bu'r Parch. WH Jones, y cyfeirid ato yn lleol fel Jones Bach, yn y cylch am dros ddeg mlynedd ar hugain, a'r Parch. Roger Jones am dros ugain. Cefais y fraint o gyflwyno'r Parch. Roger Jones yn ei gyfarfod sefydlu yn Nhabernacl, Talybont, a'r Parch. Carl Williams yn ei gyfarfod sefydlu yn Nhabernacl, Pontarddulais.

Dechrau ennill crwstyn

PAN OWN I tua naw oed a chan fy mod yn dwlu ar ffermio, dyma gais i fi fynd i aros i Flaenpant at Willie a May Owens, brawd a chwaer oedd yn ffermio rhyw ddeugain erw. Roedd ganddynt ddau barc dipyn o ffordd o'r fferm... yn wir, bron â bod lawr yng Ngheibwr. Ac o ddydd Sadwrn Barlys, sef y Sadwrn olaf yn Ebrill hyd at ddiwrnod ffair ar y 10fed o Dachwedd, fe fyddai'r gwartheg yn pori y ddau barc yma. Felly, roedd angen gyrru'r gwartheg i lawr i'r ddau gae yma yn y bore a'u mofyn 'nôl erbyn godro yn y prynhawn. Felly, rown i'n codi ac yn godro dwy neu dair buwch (â llaw wrth gwrs – doedd 'na ddim peiriant godro ar y pryd) cyn mynd â'r gwartheg i'r parc ar fy ffordd i'r ysgol. Yna, baswn i'n eu casglu eto ar fy ffordd adre o'r ysgol. Cael te ac yna godro eto.

Victor Griffiths oedd wedi bod yn gwneud hyn am rai blynyddoedd ond roedd e'n gadael yr ysgol ac yn dechrau gweithio llawn amser. Roedd yn rhaid cael olynydd, a fi oedd y dewis, mae'n debyg. Felly dyma ddechrau ar y *job* cynta ac ennill cyflog o un swllt yr wythnos. Fu codi'n fore erioed yn broblem i fi. Rwy'n dal i godi tua chwech y bore, er nad oes galw i fi wneud hynny bellach.

Erbyn fy mod yn ddeuddeg oed rown i'n medru aredig a thrin y tir – gyda cheffylau, wrth gwrs, ac wrth fy modd yn gwneud hynny. Gorchwyl arall oedd mynd â buwch at y tarw, a hwch at y baedd hefyd yn y dyddiau hynny. Os am lo Henffordd byddwn yn mynd i Drefwrdan Uchaf. Roedd tarw gwyn yng Nghwm Connell ac roedd yn rhaid cerdded blacen bob cam yno er mwyn cael llo glas. Roedd gwartheg glas yn codi gwell pris yn y mart yn Aberteifi am ryw reswm.

I fynd i Drefwrdan, ar ôl dringo rhyw hanner milltir i gyfeiriad Tydrath (Trefdraeth), byddwn yn troi i'r chwith i fyny Feidir Nel heibio Penlan lle roedd Gwilym a Harriet Lamb yn ffermio. Mae'n debyg fod Gwilym yn hoff iawn o'i ddiod, ac ar ôl gwneud ychydig o siopa yn Nhydrath ar ddydd Gwener byddai'n galw yn y Golden Lion. Clywais ddweud taw'r tafarnwr fyddai'n ei roi yn y trap ac yn cyfeirio pen y ferlen am Drewyddel ac y byddai honno'n ei gludo adre'n ddiogel bob tro.

Ychydig i fyny, mewn cae ar dir fferm Trericert, mae Cromlech Carreg Llech y Drybedd ac fe fyddwn yn cael tipyn o hwyl wrth ei dringo. Ar Feidir Nel y byddai'r sipsiwn yn aros pan fyddent yn dod ar eu tro i'r ardal, ac yna'n mynd o gwmpas y fro yn gwerthu pegiau dillad a rhubanau. Roedd ambell un yn dweud ffortiwn hefyd os byddech yn fodlon rhoi darn o arian yng nghledr ei llaw. Weithiau byddent yn symud, ac yn aros rhai dyddiau ymhellach ar ben ffordd Gethsemane er mwyn gweithio ardal Penmorfa ac i lawr am Dydrath. Mae'n anodd credu gymaint o newidiadau sydd wedi digwydd yn ein hoes ni.

Un tro, bu'n rhaid i fi fynd lawr i Dydrath i nôl rhyw foddion wrth Dr Havard. Mynd ar gewn caseg

(Duchess) yn hwylus iawn hyd nes cyrraedd y bont ond yna fe wnaeth Duchess wrthod croesi'r bont ar unrhyw gyfri... hyd nes i mi droi ei phen am adre a'i beco 'nôl dros y bont. Fe ddywedir bod 'tric ym mhob trêd ond whîlo whilber lan rhiw'! Yn rhyfedd, doedd croesi'r bont am adre ddim yn broblem ac fe groesodd 'nôl fel pe byddai'n gwneud hynny bob dydd.

Roedd fferm Treryffith wedi bod dan reolaeth y 'War Ag' adeg y rhyfel a byddent yn tyfu erwau lawer o dato yno, heb fod yn rhy lwyddiannus dybiwn i. Ond tua diwedd y rhyfel dyma Lefi James yn cymryd y fferm drosodd. Roedd wedi bod yn was yno pan oedd yn ŵr ifanc ond ar y pryd roedd yn ffermio Gernos Cipyn. Roedd angen symud yr anifeiliaid a phenderfynodd wneud hynny ar Ddydd Calan, o bob dydd. Fe ddylwn fod mas yn casglu calennig, ond roedd yn rhaid rhoi help llaw, drwy roi'r lloi yn y cart a'r gwartheg yn dilyn. Fel yna, yn ddigon hwylus, y daeth y gorchwyl i ben.

Gwell nodi digwyddiad arall fan hyn a ddigwyddodd tua diwedd y rhyfel. Roedd dwy ffrind – Miss Bruce a Miss Blondy Jenkins o Lanharan – wedi prynu fferm Penwern ac roedd fy nhad wedi cael gwaith fel rheolwr fferm ganddynt. Un diwrnod, wrth fynd rownd yr anifeiliaid ar y godir, dyma edrych lawr i Bwll y Wrach i gael gweld a oedd gwrec wedi dod i fewn yn ystod y nos. Yr hyn oedd yn ei wynebu oedd corff.

'Nôl cart a cheffyl wedyn a chlymu rhaff wrth y cart, dringo i lawr y rhaff a thynnu'r corff o'r dŵr. Roedd waled yn ei boced ac ynddi ei fanylion, llun ei wraig a'r plant, a rhywfaint o ddoleri. Mae'n debyg taw peilot Americanaidd oedd e, wedi ei saethu i lawr rhyw dair wythnos yn gynt.

Ond i ddod 'nôl at fy stori. Pedair ar ddeg oedd oedran gadael yr ysgol yn y dyddiau hynny. Gan fy mod yn cael fy mhen-blwydd ddiwedd Awst a gwyliau'r haf yn dechrau tua diwedd Gorffennaf fe adewais i'r ysgol yn 13 ac aros mlân am flwyddyn ym Mlaenpant am dâl o un swllt ar bymtheg yr wythnos. Erbyn hyn roedd fy nhad a'm mam wedi symud i'r Ferwig a 'nhad wedi cael gwaith ar fferm Trecefen Isaf. Felly dyma fi'n eu dilyn at y Cardis. Cywain sgubau rown i'n ei wneud pan ddaeth Mr Danny Jenkins, Clyn-yr-ynys, heibio i gynnig gwaith i mi am y flwyddyn ddilynol am bum swllt ar hugain yr wythnos. Derbyniais yr ern o un swllt a dechrau ar ôl y ffair yn 1946.

Ni ellid fod wedi cael gwell lle i fwrw prentisiaeth. Roedd trefn ar bopeth, a chadw amser yn bwysig – dechrau tua chwarter i saith y bore, gorffen am chwech yr hwyr. Yn wir, gan fy mod yn bennaf yn gweithio gyda cheffylau roedd cadw amser yn hollbwysig. Roedd yn rhaid i'r ceffylau gael dwy awr i ginio bob dydd. Felly fe fyddwn yn gadael beth bynnag y byddem yn ei wneud am ddeg munud i ddeuddeg, dechrau wedyn am ddeg munud i ddau a gadael am ddeg munud i chwech. A byddai disgwyl i ni fod wrth y ford am chwech. Roedd hyn cyn bod sôn am wyliau blynyddol nac wythnos waith bump diwrnod. Roedd pob wythnos yn chwech diwrnod ar wahân i ddiwrnod ffair Aberteifi (10fed o Dachwedd) a Dydd Sadwrn Barlys (y Sadwrn olaf yn Ebrill) ac fe ddisgwylid i ni wneud yr hyn oedd yn angenrheidiol un Sul o bob tri.

Wrth gwrs, roedd y gwaith yn newid gyda'r tymhorau. Yn y gaeaf, ar wahân i fwydo a charthu, roedd codi cloddiau yn mynd â llawer o amser. Roedd cloddiau'r parc gwndwn, fyddai'n cael ei aredig, yn cael ei wneud bob amser ac fe fyddai'r union le y byddem yn gweithio yn dibynnu ar gyfeiriad y gwynt. Byddem pob amser yn chwilio am glawdd cysgod.

Pan fyddem yn cloddia ger y môr, yn enwedig os byddai ogof yn bwrw ewyn llawn halen ar y tir, byddid yn defnyddio dull unigryw o godi clawdd nad wyf yn meddwl bod neb arall yn ei ddefnyddio, sef troi'r faten a'r borfa i fewn. Yn rhyfedd, mae'n debyg bod y dull yma'n dal y tywydd yn well ac felly yn para'n hirach.

Pan fyddai'r tywydd yn rhy wael i fod y tu fas, byddem yn carthu'r ffald a'r siede eraill lle fyddai'r dom weithiau'n droedfeddi o ddyfnder. Y cyfan â llaw, wrth gwrs... dim tractor na fforch na JCB yn y cyfnod yna!

Roedd dydd Llun yn ddiwrnod mart, a bron bob wythnos fe fyddai ŵyn neu berchyll yn cael eu gwerthu dan forthwyl JJ Morris. Danny Jenkins a fi fyddai'n mynd bron bob tro. Ar ôl brecwast, rhoi caseg yn y cart, rhwyd drosto, llwytho a bant â ni – rhyw dair milltir a hanner o daith.

Roedd ffermydd eraill y fro â'r un patrwm o ffermio felly fe fyddai tua deg ar hugain o geirt yn aros eu tro i werthu eu hanifeiliaid. Yn wahanol i heddiw roedd gwartheg yn cael eu gwerthu â'u lloi gyda nhw. Fel rheol, fe fyddai'r arwerthwr yn gofyn i'r ffermwr a oedd yn fodlon ar y pris a gynigid ac a allai 'ei taro lawr'. Yr ymateb fel rheol oedd bod y pris a gynigid ychydig yn brin... 'Tamed bach 'to' oedd yr ateb yn fynych! Ond rwy'n cofio un tro, am ffermwr oedd yn dipyn o gymeriad â buwch fyrgorn dda iawn ganddo, un froc ei lliw. Hyn, cofiwch, pan oedd buwch odro a'i llo yn gwerthu am o gwmpas chwe deg punt, ond dyma hon yn cyrraedd saith deg pump a JJ Morris yn gofyn,

'Beth amdani, Mr Owen?'

'Gwerthwch hi!' oedd yr ymateb. 'Dyw hi ddim werth cymaint!'

Rown i'n mynd i Aberteifi hefyd ar ddydd Iau drwy'r gaeaf. Y drefn fel rheol oedd pwyso rhyw hanner tunnell o dato a thynnu tua deg i ddeuddeg sached o swêds yn y bore ac yna'n syth ar ôl cinio, eu hebrwng lawr i siop Dai Wilson. Roedd ei siop sglodion a physgod yn un o'r rhai mwyaf prysur yn y dre, yn enwedig ar nos Sadwrn, ac er bod pedwar neu bump yn gweini tu ôl i'r cownter fe fyddai rhes o bobol yn aros mas ar y stryd bob nos Sadwrn yn disgwyl eu tro, cyn ein bod yn mynd i'r pictiwrs i'r Pavilion – neu'r Pav i bobol yr ardal – i weld cynnyrch diweddaraf Hollywood. Roedd ffilmiau Cowbois ac Indiaid yn ffefrynnau, ac yn eu plith, Roy Rogers a'i geffyl, Trigger. Ac o gofio taw naw ceiniog oedd y gost am ddwy awr a hanner o adloniant, doedd dim syndod fod y lle'n llawn. Ond gyda dyfodiad y teledu, cau fu hanes yr hen bafiliwn (a gaeodd ei ddrysau fel sinema yn y 1980au), a'i le nis edwyn ddim ohono mwy.

Peth arall oedd yn dra gwahanol yng nghyfnod diwedd y 1940au a dechrau'r 50au oedd bod pawb yn helpu ei gilydd. Yn enwedig gyda'r cynhaeaf gwair, dyrnu, gosod a thynnu tato. Fe fyddai pob fferm yn cael ei gorfodi gan y Weinyddiaeth Amaeth i dyfu hyn a hyn o dato a hyn a hyn o lafur ac roeddent yn cael cydnabyddiaeth gan y Weinyddiaeth am wneud hynny. Fe gyfansoddodd WR Evans, Bwlchygroes, gân ar y testun i'w barti, Bois y Frenni, oedd yn sôn am y ffermwyr yn cael dwy bunt yr erw am aredig, i'w chanu ar y dôn 'Vive L'Amour':

Mi arddaf bob tamaid o'r tir sydd yn sbâr,
Dwy bunt yr erw, bois.
Rhaid codi bwyd hwchod a thamaid i'r iâr,
Dwy bunt yr erw, bois.

Cytgan:
Dwy bunt, ie dwy bunt, ie dwy bunt yr un,
Dwy bunt, ie dwy bunt, ie dwy bunt yr un,
Dwy bunt yr un, dwy bunt yr un,
Dwy bunt yr erw, bois.

Yn y cyfnod yna fe fyddai'r llafur yn cael ei dorri â beinder cyn bod sôn am gombein, yna ei stacano, ond y gair a ddefnyddid yn Nhrewyddel oedd 'twro'. Pedair ysgub fyddai mewn 'twr' yn Nhrewyddel ond roedd chwech yn 'stacan' Ferwig. O feddwl, dyna gyfoeth o eirfa oedd i'w gael o ardal i ardal, ondife? Ymhen rhyw wythnos wedyn byddid yn cario'r stacanau at ei gilydd ac yn gwneud deise (teisi). Eto yr oedd dau fath o das – tas law a thas ben-glin, oedd yn llawer mwy o faint ac yn dal y tywydd yn well. Ac eto, yn yr ydlan roedd rhai yn gwneud helem, ac eraill yn gwneud rhic, un yn grwn a'r llall yn sgwâr. Byddai'n rhaid toi y gwair a'r helmi llafur er mwyn eu cadw yn ddiddos. Brwyn o weun Treryffith fyddai Blaenpant yn eu defnyddio – eu torri â chryman, eu clymu yn sopynnau a'u cario'n ôl ar ein cefn, yna gwneud to bach i fynd ar gorun y das, neu helem, ac yna dechrau toi.

Roedd hefyd yn rhaid cael cyflenwad o briciau a thwein arbennig i ddal y bendo rhag iddi gael ei chwythu bant gan stormydd y gaeaf. Gwellt fyddai'r rhan fwyaf yn ei ddefnyddio ac ar ôl dyrnu fe fyddem yn tynnu to ac yn troi rhaffau o wellt yn gylch am yr helem, ac o, roedd hi'n grefft arbennig hefyd.

Fy ngorchwyl cyntaf i ar ddiwrnod dyrnu yn Nhrewyddel oedd cario dŵr i'r enjin stêm oedd yn cael ei gyrru gan Benji Rees. Ond buan y daeth y tractor i ddisodli'r enjin stêm a chofiaf gyfnod pan oedd tri dyrnwr gan WH James, Crymych, yn mynd o gwmpas ardal go eang yn cael eu troi gan dair gwahanol dractor – Forden Fach oedd gan Tom Thomas; Alice Chalmers gan Arthur Amos a Tractor Oliver 90 yn troi'r trydydd. Roedd gan fferm Clyn-yr-ynys beiriant dyrnu ei hunan a chan ein bod yn chwech o ddynion ar y fferm byddem yn dyrnu llawer ein hunain. Ond byddem hefyd yn helpu cymdogion i ddyrnu, yn ogystal â helpu gyda'r cynhaeaf gwair, a gosod a thynnu tato.

Gan ein bod yn naw ar y fferm – Mrs Jenkins, Dai a Dani y ddau fab, dwy forwyn a phedwar gwas – doedd dim lle i bawb yn y tŷ, felly fe fyddai David a George Reed yn cysgu yn y llofft stabal uwchben y ceffylau. Roedd yn llawer mwy cynnes na'r tŷ byw. Anfantais cysgu yno oedd eich bod yn rhannu gwely gyda llygod mawr! Fe fyddent yn rhoi trap llygod o dan y gwely i'w dal. Ych a fi i lygod mawr, ddyweda i!

Dau ddigwyddiad sydd yn sefyll yn y cof oedd mynd yn weddol fore i Heol Gwyddil i ddyrnu a chyrraedd cyn bod Lewis Williams wedi tynnu'r bendo o'r helem. Roedd Lewis yn taflu'r to i lawr a fi'n eu casglu at ei gilydd. Roedd llygod mawr yn broblem bob amser ac fe fyddai cŵn da werth y byd ar ddiwrnod dyrnu. Un tro, dyma fi'n gweld llygoden fawr yn disgyn i'r llawr ac yn mynd â fforch ar ei hôl, ond fe drodd yn ôl yn sydyn a mynd lan coes fy nhrowser. Dyma ddal ei phen yn fy nwrn a'i wasgu mor galed ac y medrwn. Roedd Bert Welson, y Brongwyn, oedd yn berchen y peiriant dyrnu, yn awgrymu defnyddio ei gyllell boced i dorri'r trywser i'w chael hi mas, ond o gofio fod gen i drywser cordyrói newydd ar y pryd, doedd hynny ddim yn opsiwn. Felly bu'n rhaid iddo roi ei law fyny'r goes, cydio yn ei chwt a'i thynnu mas. Ond roedd y wasgad wedi gwneud ei gwaith. Roedd hi'n farw gelen gorn!

Cofiaf un tro arall yn arbennig. Roedd Jim Davies, Heol Las, yn gorffcn ffermio a daeth dydd y dyrnad olaf. Roedd llawer mwy nag arfer wedi dod y diwrnod hwnnw i roi help llaw. Yn wir, hanner cant a thri! Felly dyma benderfynu bod eu hanner yn cael tynnu'r tato, ond roedd gan y gwragedd broblem. Sut oedd bwydo'r fath dorf? Fe aeth y diwrnod dyrnu hwnnw yn ddiwrnod pobi, ac yn ddiwrnod corddi hefyd. Mor wahanol oedd y gymdeithas wledig Gymreig i un Mrs Margaret Thatcher, a ddywedodd unwaith nad oedd y fath beth â chymuned na chymdeithas.

Wrth fy mod yn sgrifennu hyn o lith mae'n bwrw eira yn drwm, sydd yn fy atgoffa o eira mawr 1947. Roedd cymaint o luwch tu fas i'r stabal yng Nghlyn-yr-ynys fel y bu'n rhaid gwneud twnnel i gael y ceffylau mas i gael dŵr, ac roeddent yn dringo dros y lluwch a thros wifren y ffôn i fynd i lawr i'r llyn. (Gyda llaw, os ydych yn meddwl ei fod yn rhyfedd bod ffôn i gael yng nghefn gwlad Ceredigion yr adeg yma, y rheswm dros hyn oedd am fod angen y ffôn ar y *Rocket* yn Gwbert i gadw cysylltiad gyda gwylwyr y glannau.) Roedd hi'n wythnos gyntaf mis Mai arnom yn cael hau y flwyddyn honno.

Ar ôl Clyn-yr-ynys treuliais gyfnod byr yn Nhrecefen Isaf yn cynorthwyo 'nhad i osod piben ddŵr i rai o'r perci. Gwaith caib a rhaw. Doedd y JCB heb gyrraedd eto, gwaetha'r modd. Roedd cyflog gwas fferm ar y pryd yn dair punt a chweugen yr wythnos, felly roedd gweld hysbyseb yn y Teifi Seid fod angen gyrrwr tractor ar fferm y Rocklands ar gyflog o bum punt yr wythnos yn golygu y byddai llawer yn ceisio am y swydd. Dyma gynnig, a chael llwyddiant.

Byw adre ym Mhenparc own i, ac yna mynd ar gewn beic i'r gwaith pob bore. Roedd Dai Owen, gwas Plas Caemorgan ar y llaw arall, yn byw yn Ferwig ac yn teithio i'r gwrthwyneb. Wel, un bore dyma ni'n cwrdd ar dro Felin Fach. Dyna beth oedd *head on collision*, ac mae gen i graith i brofi fy mod yn dweud y gwir. Roedd y ddau ohonom yn anymwybodol a Mrs Jones, Felin Fach, yn estyn y cymorth cyntaf a ddaeth 'nôl â'r ddau ohonom i dir y byw cyn i ni gael ein cludo lawr at y meddyg yn Aberteifi i gael pwythau yn ein talcennau.

Yn y cyfnod yma roedd llawer o Saeson yn prynu ffermydd ond doedden nhw ddim yn llawer o ffermwyr, a byr oedd eu harhosiad yn amal iawn. Fel y dywedodd un cymeriad, Jack, Meigan Wells, 'Welwch chi ddim llawer o'u cerrig bedde nhw 'ma!'

A dyna fu hanes Mr Crawshaw, Rocklands. Mynd 'nôl am Derby wnaeth yntau hefyd.

Tŷ Mawr, Boncath, oedd yn galw nesaf. Dyma lle y dysgais i blygu gwrychoedd. Doedd dim coed na drain yng Nghlyn-yr-ynys ond roedd yn hollol wahanol yn Nhŷ Mawr. Roedd y gwrychoedd wedi cael eu hesgeuluso ers blynyddoedd, a'r drain yn ddeuddeg i bymtheg troedfedd o uchder, a threuliais aeaf cyfan yn ceisio cael trefn ar rai ohonynt. Doedd dim angen oriawr arnaf yn Nhŷ Mawr gan fod y Cardi Bach yn mynd heibio'r clos yn rheolaidd sawl gwaith y dydd. Mae'n dda medru dweud bod yr un teulu yn ffermio Tŷ Mawr heddiw, a graen ar y fferm a'r gwrychoedd!

Rown i wedi bod yn perthyn i Glwb Ffermwyr Ifainc Trewyddel pan own yn yr ysgol. Dyma ymuno â chlwb Boncath tra own i'n gweithio yn Nhŷ Mawr a chael cyfle i gystadlu ar wybodaeth gyffredinol a siarad cyhoeddus, heb ryw lawer o lwyddiant. Os cofiaf yn iawn, dim ond wythfed ddes i mas o ryw ugain yn y gystadleuaeth siarad cyhoeddus yn Hwlffordd.

Yna, newid ardal eto. Y tro yma, Cefn Hwnt, Pentregât, oedd yn galw. Roedd y perchennog newydd ddychwelyd o Rhodesia lle roedd wedi bod yn ysgrifennydd i ryw gymdeithas Brydeinig yno. Roedd yn perthyn i deulu'r Georgeiaid, fferm Ffynnon Corannau. Nid oedd ganddo unrhyw ddiddordeb mewn ffermio a byddai'n mynd yn ei Jaguar i glercan at yr arwerthwr Huw Ladd yn Aberteifi bob dydd. Ond roedd ei ferch yn meddwl y gwnâi hi ffermwraig dda a rhaid cyfaddef ei bod wedi gwneud ymdrech deg.

Ond gwerthu fu eu rhan hwythau hefyd. A doedd y perchen newydd, Mr Bachelor, ddim gwell, a gwerthu fu'n rhaid iddo yntau hefyd o fewn byr o dro. Yna fe gafodd fferm Castell Crugiau ar rent, ond diwedd digon trist fu ei hanes. Roedd wedi bod 'nôl yn Lloegr am ychydig ddiwrnodau ac yn ôl yr hanes, wedi benthyca dryll gan ryw ffermwr i saethu cwningod yno. Ond saethu ei hunan fu ei hanes ar y trên wrth ddod 'nôl. Rhyfedd o drist oedd gorfod torri'r newyddion gyda sarjant Brynhoffnant i'w briod. Mae wedi ei gladdu yn Eglwys Blaencelyn.

Ar wahân i'r profiad yna, cyfnod hapus iawn fu fy nghyfnod yn ardal Plwmp a gwnes lawer o ffrindiau sydd wedi para dros y blynyddoedd. Roedd clwb ffermwyr ifanc da iawn yn y Gwenlli ar y pryd ac roedd Hywel Thomas, Cnwc yr Hedydd, yn arweinydd penigamp. Cefais fy newis yn un o dîm o chwech i gynrychioli'r clwb yng nghystadleuaeth y cwis sirol. Bachgen a merch dan ddeunaw, bachgen a merch o dan un ar hugain, a bachgen a merch dan chwech ar hugain, oedd yn gwneud y tîm. Y fi oedd y bachgen o dan un ar hugain. Cyrhaeddon ni'r tri chlwb gorau drwy'r sir, ac yn y rownd derfynol yn Neuadd Llanrhystud dyma Gwenlli yn ennill gyda 126 o bwyntiau, Capel Seion yn ail gyda 120, a Chlwb Penparc yn drydydd gyda 118 a hanner o bwyntiau. Mae fy nyled yn fawr i'r capel ac i Fudiad y Ffermwyr Ifainc. Heb y gefnogaeth gynnar yna fyddwn i erioed wedi cyflawni'r ychydig rwyf wedi ei wneud... fel cynghorydd bro a thref, na phregethwr cynorthwyol.

Ar sgwâr y Plwmp y cymerais fy mhrawf gyrru cyntaf mas o dri, sef y prawf tractor... ar Fforden Fach Dai Davies, Penlan.

Ar sgwâr y Plwmp hefyd, yn sied Jones y Siop, y byddai nifer o fechgyn yr ardal yn cwrdd gyda'r nos i ymarfer ein ychydig ddoniau bocso. Yna byddem yn cael arian poced gan Ron Taylor am focso ar y bŵth yn y ffeiriau. Y telerau oedd £1 am bob rownd; tair rownd ym mhob gornest. Fel rheol rown i'n mynd adre tua £12 yn gyfoethocach. Un flwyddyn bûm ar y bŵth yn ffair Aberteifi, Caerfyrddin ac Aberystwyth ond canlyniad hynny oedd fy mod yn dioddef am yr wythnos i ddilyn. At y bosco yna y cyfeiria Emyr Oernant yn yr englyn canlynol:

> Gwron y Blaid a'r geiriau – a hefyd
>   Ei grefydd, a'r campau
>   Yn y cylch â'i ddyrnau cau,
>   A gŵr ei hoff bwyllgorau.

Ac mae tipyn o dynnu coes yn digwydd hefyd, ac ambell i bennill ac englyn yn ymddangos. Flynyddoedd lawer yn ôl derbyniais y canlynol gan Mrs Lon Lewis, Parcyreithin:

> Yn y pulpud, gŵr galluog,
> Darllen Salm am borfeydd gwelltog,
> Aflonyddu meddwl cwsmer,
> Hysbysebu Hunters Chester.

> Pregeth dda bob Sul yn gyson,
> Dawn yn llifo fel yr afon.
> Yn y lobi, 'rôl dweud pader,
> Siawns i werthu Hunters Chester.

Eto, fe ymddangosodd y canlynol o dan y ffugenw 'Mohamed' yn *Y Gambo*, ein papur bro lleol. Mae'r rhagarweiniad i'r darn yn dangos yn glir taw fi oedd y cocyn hitio:

Draw o heol hardd Caemorgan
Lle mae saint yr oes yn byw,
Do, fe deithiodd gŵr golygus
I ledaenu neges Duw.

Roedd y daith yn bell i Drefdraeth,
Fel y daith i Ganaan gynt,
Ond ar hyd-ddi aeth y cennad
Yn ei Fazda, fel y gwynt.

Cariai'r cerbyd faner Cymru
A hysbyseb Hunters Seeds,
Llyfrau'n sôn am wyrth yr Arglwydd
Ac am *calcified seaweed*.

Gyrrai yntau yn beryglus,
O'r ochr dde i'r aswy law.
Roedd yn amlwg bod e'n feddw
Neu yn edrych dros ben claw'.

Yn ei ganlyn roedd dau gyfaill,
Dan awdurdod llawer llai.
Teimlent fod 'na esgeulustod,
A bod gyrrwr Duw ar fai.

Bore drannoeth, er mawr g'wilydd,
Roedd y Glas ar stepen drws,
Yn cyhuddo gwraig y cennad
Fod ei gŵr dan effaith bŵs.

Pan oedd Menna, y ferch ifancaf, yng Ngholeg y
Drindod, Caerfyrddin ar ddechrau'r 1990au derbyniais

y canlynol oddi wrthi drwy'r post un dydd, yn ymbil am ychydig o arian poced. Parodi ar ddarn o farddoniaeth roedd hi'n ei astudio ar y pryd, o bosib:

Stiwdent mewn creisis, Dadi,
Ydyw Menna, d'epil di.
Y mae trymder prinder pres
O fewn fy ni-lwgr fynwes.
Clwydo'n gynnar, neu aros
O flân tân gwnaf yn y nos,
A haid o'm ffrindiau'n Sodom
Yn swagro'u pres ger y prom.
Mwyach does ond dimeiau
Oll o fewn y logell fain.
Na roddai maths ffordd i mi
A wnâi geiniog yn gini!
Neu y derwydd diarab
Yn ei glyd fotelog lab,
Na wnâi trwy wres broses brwnt
Un ddimau yn ddeimwnt!
Cofia'r ferch dda, tra mewn tref
Ei diwydrwydd hi adref:
Bwydo'r ieir, pobi bara,
Gweini'n deyrn fel merch fach dda,
Parod i redeg neges
I griw'n sychedu'n y gwres;
Nôl tractor, carco'r corcyn,
Oni thâl y pethau hyn?
A ddaw dim o'i lludded hi?
O'r twt a chrafu'r tato?
Diwaelod yw dy goden,
Na fydd, gan hynny'n fên

Oblegid, pan ben-blygi
Nid ei â'th aur gyda thi.
Rho dy aur ar allor dysg –
Hyrwydda lwybr addysg
A datoda dy gadach...
Towla bunt i Fenna fach!

Croesi'r moroedd maith

YN HANNER OLAF 1951 roedd rhai ohonom ni fechgyn oedd yn cwrdd ar nos Sadwrn yn Aberteifi yn dechrau chwarae gyda'r syniad o fynd dramor i weithio am gyfnod. Yn wir, roedd un neu ddau ohonom yn meddwl taw Seland Newydd fyddai'r lleoliad delfrydol, ac roedd hysbyseb yn y *Farmers Weekly* yn nodi bod yna swyddi ar gael i fynd o gwmpas Seland Newydd yn recordio sut roedd eu gwartheg yn cynhyrchu. Roedd y swydd yma'n swnio'n ddelfrydol – mynd i fferm ar fore Llun, gwneud y godro nos Lun a bore Mawrth, gwneud y gwaith papur ac yna symud i'r fferm nesaf erbyn nos Fawrth a bore Mercher ac yn y blaen. Gwneud rhyw ugain buches y mis, a gweddill yr amser yn rhydd. Cael bwyd a llety ar y ffermydd ond – ac y mae 'ond' yn sbwylio cynlluniau dyn yn amal iawn – yr adeg yna roedd gwasanaeth milwrol o ddwy flynedd yn orfodol ym Mhrydain.

Yn wir, bu'n rhaid i ddau o'm brodyr ymuno â'r fyddin. Bu Haydn yn yr Almaen ac Alun yn Libya. Rown i wrthi'n gweithio'r tir a dyna lle roedd fy mryd, ond nid oedd yr un peth yn wir am y ddau frawd. Pan ddaeth yr alwad i Haydn ymuno â'r fyddin roedd yn gweithio ar y drôm ym Mlaenannerch (yr *aerodrome*) yn gofalu am y tiroedd yno.

45

Roedd Alun â'i olygon ar fynd i'r heddlu yn y pen draw, felly roedd yn gwneud synnwyr iddo fe fynd i'r fyddin ac ymuno â gwasanaeth y 'Capan Coch', sef heddlu'r fyddin, er ein bod ni'n dau yn gweithio ar fferm Nantllan pan ddaeth ei alwad.

Ond 'nôl at yr hanes. Gwaetha'r modd, mae'n debyg roedd y disgwyl am gyflawni gwasanaeth milwrol yr un peth yn Seland Newydd, a phe bawn wedi mynd fe fyddwn wedi gorfod ymuno â'r fyddin yno. Felly, dyna ddiwedd ar y cynllun. Ond, ar ôl tipyn o drafod ymhlith ein gilydd, dyma benderfynu y byddem yn mynd i Ganada. Rhyw bump neu chwech ohonom ar y dechrau. Cael tipyn o fanylion a darganfod bod digon o alw am weithwyr fferm, yn enwedig yn Ontario. Ond wrth i'r amser hwylio nesáu dyma un yn tynnu 'nôl, a'r ail, a'r trydydd, fel taw dim ond dau ohonom oedd ar ôl – Bill Riley (oedd yn gweithio yng Nghlyn-yr-ynys gyda fi) a fi.

Aeth y ddau ohonom i Lundain i gael fisa a rhyw bigiadau angenrheidiol a thrafod pryd fyddai'r amser gorau o'r flwyddyn i fynd. A phenderfynu hwylio gyda Cunard ar long o'r enw *Georgic*. Mynd 'nôl adre wedyn gan edrych mlân at groesi'r moroedd maith, ond pythefnos cyn ein bod i gychwyn dyma Bill hefyd yn newid ei feddwl ac felly mynd ar fy mhen fy hunan fu fy rhan.

Roedd fy nhad a'm mam ac amryw o bobol Penparc ar sgwâr y pentre i ddymuno'n dda i fi wrth ddal y bws i gychwyn i'r wlad bell. Ie, bws i Gaerfyrddin, trên i Paddington a thrên arall i Southampton ac yna saith diwrnod i groesi i Halifax, Nova Scotia. Cael trên wedyn i Doronto – 1080 o filltiroedd – a'r siwrne yn cymryd o 8 o'r gloch nos Wener hyd 8 o'r gloch fore dydd Sul.

Y trefniant oedd fy mod yn mynd i swyddfa'r rheilffordd yn Nhoronto i ddewis cyflogwr. Gan fy mod yn George ac wedi croesi ar long o'r enw *Georgic* dyna ddewis mynd i Georgetown, er i'r Teifi Seid ddefnyddio'r pennawd 'George 'da'r *Georgic* i Georgia' ar dop yr erthygl am fy antur.

Wel, roedd y dewis yn un da. Malcolm MacNabb, ei briod a dau fab, Angus a John, oedd yn ffermio. Er nad oedd yr un ohonynt erioed wedi bod yn yr Alban gallech feddwl wrth eu hacen Albanaidd eich bod yn yr Alban. Rhaid felly bod dylanwad y rhieni a'u hacenion Albanaidd yn y cartre wedi bod yn gryf arnynt.

Fferm gymysg oedd Callum Lea – moch, defaid, ceffylau a buches odro o ryw drigain o wartheg Guernsey. Digon tebyg i rai o ffermydd Cymru ar y pryd. Roedd y llaeth yn cael ei werthu o ddrws i ddrws yn Nhoronto (oedd rhyw dri deg chwech milltir i ffwrdd). Dyma lle y syrthiais mewn cariad gyda brid y gwartheg Guernsey gynta, a phan briodais i a Huldah dyma barodd i ni ddewis buches o wartheg Guernsey i'w godro.

Roedd y diwrnod gwaith yn hir yn Callum Lea. Dechrau cyn chwech, bwydo, glanhau, godro, yna brecwast, a rhaid pwysleisio bod y bwyd yn dda a phob pryd yn dri chwrs, o leiaf, a digon o amser i'w fwynhau. Yna, gweithio mas ar y tir yn ôl y galw. Cinio da ac yna rhyw ddwy awr eto cyn dechrau ar waith y prynhawn gyda'r anifeiliaid cyn godro. Gorffen tua hanner awr wedi chwech, yna swper mawr eto cyn mynd mas tua naw o'r gloch i roi swper i'r gwartheg.

Er bod y rhan fwyaf o ofynion a disgwyliadau'r gwaith ffermio yn debyg iawn i'r hyn roeddwn wedi arfer ei wneud yng Nghymru, roedd rhai pethau'n wahanol iawn hefyd. Roedd rhai pethau yng Nghanada oedd o'n blaenau ni yng Nghymru, fel gwneud silwair o india corn oedd wedyn yn cael ei chwythu i 'seilo' uchel tua 40–50 troedfedd o uchder. Doeddwn i ddim wedi gweld dim byd tebyg cyn mynd i Ganada!

Yn wahanol i Gymru hefyd, roedd yr anifeiliaid i gyd yn cael eu cadw yn yr un adeilad, mewn sgubor tri llawr – yr anifeiliaid ar y llawr isaf; y peiriannau ar yr ail lawr – yn cael eu gyrru lan y llethr oedd yn rhan o'r adeiladwaith; a bwydydd yr anifeiliaid ar y llawr uchaf. Roedd pob anifail yn cael ei gadw i mewn trwy'r gaeaf gan fod y gaeafau mor galed draw yna.

Roedd yr oriau'n hir ond roedd pawb yn cydweithio yn hwylus – o'r perchen i'r gwas. Os byddai'r meibion yn mynd i wylio hoci iâ neu reslo neu'n mynd i'r sinema byddent yn cynnig i fi fynd hefyd. Ac rown i'n mwynhau'r profiadau gwahanol yma.

Rown i wedi cwrdd â theulu o'r Alban ar y llong wrth hwylio draw. Roedd eu merch wedi priodi â Chanadiad ac yn byw yn Queen Street yn Nhoronto. Gan nad oedd y bws yn gadael am Georgetown tan bedwar y prynhawn a ninnau wedi cyrraedd Toronto am wyth y bore, cefais wahoddiad i ginio gyda'r teulu. A chynnig hefyd, os dymunwn, i aros yn barhaol gyda'r teulu os na fyddai pethau yn Georgetown yn gweithio mas.

Cytundeb mis o brawf oedd gen i ar y fferm ar y cychwyn, am $80 y mis. Rhaid eu bod yn bles â fy ngwaith oherwydd cefais gynnig aros mlân yn barhaol a dyblu fy nghyflog. Ond rown i'n awyddus i brofi bywyd

Fy nhad-cu, Tomos Melchior Evans, yn gwasanaethu yn y Rhyfel Mawr.

Tom George, fy nhad-cu arall, oedd yn hollol ddall.

'Nhad a Mam – David Percy a Margaret Letitia.

Bethel, Capel yr Annibynwyr, Trewyddel a sefydlwyd yn 1691.

Tabernacl, Capel y Bedyddwyr, Trewyddel.

Yr ynys fach lle'r oedd Dac yn tyfu gwair i'w fuwch pan oedd yn was yn Treryffith.

Y GWEINIDOG A SWYDDOGION YR EGLWYS.

Cymanfa Fawr Bedyddwyr Sir Benfro, 1933:

Rhes gefn (chwith i'r dde): William Morris, Tŷ'r Ardd; Ernie Bowen, Glan Yr Afon – gwerthwr glo a'n rhedeg tacsi; Stifyn James, Cwm Connell; John Morris (brawd William) saer coed yr ardal;

Rhes flaen (o'r chwith): Tom George (fy nhad-cu); William George (Dac, fy hen dad-cu) yn eistedd gyda'i ffon; Parchedig W H Jones – y gweinidog am dros 30 o flynyddoedd; James James - Jâms, Glandŵr Uchaf.

Fi, yn bedair ar ddeg oed, ar gefen Duchess.

Pwll y Wrach, lle tynnodd
fy nhad gorff y peilot
Americanaidd o'r dŵr adeg yr
Ail Ryfel Byd.

Alun, fy mrawd, yn ei lifrai yn Libya.

Y *Georgic*.

Llusgo coed o'r allt â'r Percherons a chart llusg.

Gyrru'r tractor o ben y beinder.

Enghraifft o arch yng Nghanada.

Ar ben yr Empire State Building, Rhagfyr 1952, ar y daith am adre.

Y *Queen Mary*.

Tu fas Ardwyn ar ôl y daith hir o Ganada.

Pedwar o'r chwe brawd
– Alun, Teifion, fi a Len.

Mam.

Fi ar gefn y
Matchless.

Fy nghar cyntaf, Morris 8, a gefais yn rodd gan Wncwl Arthur, brawd fy mam.

Priodas Huldah a fi, Awst 26, 1961.

Ein pedwar ni – Gwawr, Aled, Menna a Gwyneth.

CLADDU CAPSIWL AMSER YN NHREFDRAETH: Fel rhan o weithgareddau'r Milflwydd yn Nhrefdraeth, claddwyd capsiwl amser yn yr ardd ym mhen uchaf Stryd y Farchnad a gosodwyd maen hir o lethrau Carn Ingli ar ei ben. Rhoddwyd y capsiwl a'r garreg yn eu lle ar Ionawr 4, 2000 gan gadeirydd Pwyllgor Milflwydd Trefdraeth, y Cyngh Melfydd George, gyda chynorthwy David Lewis. Ymysg yr eitemau a gladdwyd a oedd yn nodweddiadol o'r ugeinfed ganrif oedd copi o'r Llien Gwyn.

Llun: Huw R D Thomas

Gosod y capsiwl amser yn Nhydrath, 2000.

Arwydd
Siop Bara,
y Gaiman,
Patagonia.

Trevelin,
Cwm Hyfryd,
Patagonia
– gefeilldref
Aberteifi.

Asado ar adeg
Cymanfa Ganu
Eisteddfod y
Wladfa 2007.

O flaen caffi tango Tortoni a senedd yr Ariannin yn Buenos Aires – y Casa Rosada.

Gyda Margarita Green a Maer Trevelin, Carlos Mantegna, 2007.

Gweithfeydd hydro-electrig Amutui Quimey.

Gorsedd y Cwmwl yng Nghwm Hyfryd.

Gwisgo cadwyn Cadeirydd Cymdeithas Cynghorau Bro a Thref Cymru.

Cynghorydd Plaid Cymru, gyda Gwynfryn Evans a Gwynfor Evans.

Wrth fy ngwaith gyda chwmni Glenside yn Sioe Frenhinol Cymru, Llanelwedd.

Cynrychiolydd Osmonds yn Sioe Sir Benfro.

Fy nheulu: O'r chwith i'r dde – Gwynfor (mab yng nghyfraith), Genna (merch yng nghyfraith), Menna (merch), Aled (mab), Gwawr (merch), Geraint (ŵyr), Gwyneth (merch), Glesni (wyres), fi a Huldah (gwraig).

Huldah a fi ar achlysur pen-blwydd priodas aur a fy mhen-blwydd i yn 80 oed, yn 2011.

Yr wyrion – Geraint, Glesni Letitia a Gethin Webb. Bu farw Gethin mewn damwain ar ei ffordd adre, wedi cwblhau ei radd yng Ngholeg Harper Adams yn 2011.

Islwyn Melchior ac Wmffra Macsen George – dau o'r wyrion bach.

y ddinas a dyma gymryd y cynnig a symud i Doronto at y teulu o'r Alban.

Cefais waith yn syth gydag adeiladwyr. Er fy mod wrth fy modd yno, yn cael profiadau newydd, yn gweld gornestau reslo a bocso yn stadiwm Maple Leaf a chael y profiad o weld rhai o enwau mawr y byd hwnnw ar y pryd – Yukon Eric a Bobo Brazil, a chael gweld y bocsiwr enwog Joe Walcott, oedd yn bencampwr pwysau trwm y byd ar y pryd. Eto, byr fu fy arhosiad yn Nhoronto hefyd.

Roedd gan fy mam berthynas oedd wedi symud i Ganada yn 1924, Paul Morris, o Dai Bach, Dinas. Roedd ei fam wedi ei ddilyn yn 1926 ond roedd hi wedi marw yn 1931, y flwyddyn y cefais i fy ngeni. Wel, roedd Mam wedi cysylltu â Paul, mae'n debyg, ac wedi rhoi fy nghyfeiriad yn Nhoronto iddo. Dyma lythyr yn fy nghyrraedd o Alberta yn dweud y carai i mi fynd yno, ei fod e ddim yn rhy hwylus a'i fod ar ei hôl hi â gwaith y gwanwyn.

Felly dyma godi fy mhac eto a chael tocyn bws o Doronto i Rimbey, Alberta. Rown i'n meddwl y byddai'n well mynd ar fws na thrên ar ôl teithio yr unigeddau o Halifax i Doronto ar y trên. Treuliais y rhan orau o bedwar diwrnod a phedair noson ar fws y Greyhound Line – o Doronto i London, Ontario, ac yna drwy'r twnnel dan y St Lawrence i Detroit, i Chicago ac yna mlân i Three Rivers a lan hyd nes croesi yn ôl i Ganada yn Emerson, Manitoba. Fyny wedyn trwy Winnipeg ac i Edmonton. Roedd Rimbey ryw wyth deg milltir o Edmonton ac roedd y PM – Paul Morris Ranch – rhyw saith milltir o Rimbey. Gan nad oedd gen i rif ffôn Paul, cael tacsi a chyrraedd yn go hwyr wnes i. Ar ôl treulio dyddiau mewn bws, roedd cwsg yn felys iawn y noson honno.

Fore trannoeth, ar ôl noson dda o gwsg, cefais rywfaint o hanes y teulu, y math o ffermio, yr anifeiliaid a'r cymdogion. Roedd y teulu, sef Paul a'i briod Emma, a'u merched Betty, Margaret ac Elvira, yn hynod o ddiwyd ac yn byw y rhan fwyaf o'r flwyddyn ar yr hyn roeddent yn ei gynhyrchu. Godro dwy neu dair buwch i gael llaeth, menyn a chaws, malu eu gwenith eu hunain i gael bara a chodi digon o dato, llysiau a ffrwythau mewn gardd enfawr. Yna'n eu cadw mewn selar – rhewgell naturiol o dan y tŷ. Byddent yn casglu llawer o lysiau oedd yn tyfu'n wyllt, fel y llysiau duon bach, ac yn eu piclo ar gyfer y gaeaf.

Byddai eidon yn cael ei ladd ac roedd pob fferm yn rhentu rhewgell fawr yn y dre. Y Locker Room roedden nhw'n galw hon. Gallech gerdded i mewn iddi ac roedd unrhyw gynnyrch sbâr yn cael ei storio yno nes bod ei angen yn y cartre. Roedd cig yn rhan bwysig o fwyd y Canadiad. Nid sleisen, ond plated.

Roedd Paul yn cadw gwartheg Hereford. Byddent mas drwy'r gaeaf, er bod y tywydd yn rhyfedd o oer, hyd at bedwar deg gradd o dan y rhewbwynt. Ac fe fyddai'n rhaid cael y gwartheg i loia yn y gwanwyn, oherwydd pe baent yn lloia yn y gaeaf byddai eu cwte a'u clustiau'n rhewi bant cyn eu bod yn sychu. Roedd un fuwch felly ar y fferm, buwch goch – Cochen oedd ei henw – yn cael ei godro er mwyn cael llaeth at ddefnydd y teulu.

Roeddem yn cadw tua dwy fil o foch Red Tamworth ac yn eu gwerthu i brosesydd yn Edmonton pan oedden nhw'n pwyso o gwmpas dau gan pwys. Cefais y profiad unwaith o hebrwng dros wyth deg o foch i gwrdd â'r trên oedd i'w cludo i Edmonton. Fe fu'r hanes yn y papur lleol – y *Rimbey Times*.

Defaid Suffolk oedd ar y fferm. Cneifio â gwalle fyddai pawb yn wneud, dim peiriant, ac fe fyddai cneifiwr da yn gwneud tua chant o ddefaid y dydd. Tua phymtheg oedd fy ngorau i ond roedd graen ar y gwaith! Roedd ceffylau arbennig o dda gan Paul ac roedd yn meddwl y byd ohonynt. Percherons. Ceffylau gwaith, coes leuw, yn pwyso tua thunnell. Byddent yn cael eu defnyddio yn y gaeaf i lusgo coed o'r allt, i fwydo ar dywydd caled, ac adeg y cynhaeaf i garto'r sgubau i'r peiriant dyrnu. Wrth gwrs roedd ceffylau ysgafnach hefyd yn cael eu defnyddio ar gyfer bugeilio'r defaid a'r gwartheg.

Wel, rown i wedi bennu aredig yn Nantllan ym mis Ionawr cyn cychwyn am Ganada. Cefais wneud eto yn Ontario ac yn awr dyma ddechrau eto ar fy nhrydydd gwanwyn yn yr un flwyddyn, a'r tro yma roedd erwau lawer yn fy nisgwyl. Roedd cae arferol ar y *prairie* yn filltir sgwâr, sef 640 o erwau. Weithiau byddai wedi ei rannu'n ddau, felly 320 erw, a'r lleiaf yn ei hanner eto, sef 160 erw.

Felly, dyma roi'r John Deere model D yn yr arad tair cwys ar ddeg, aredig rownd y cae a bennu yn y canol. Roedd disgwyl eich bod yn aredig rhyw gan erw y dydd. Wedi hynny, llyfnu – yr oged ddanne' yn saith deg pump troedfedd o led a'r peiriant hau Massey-Harris yn ugain troedfedd o led.

Gan fod iechyd Paul yn gwaethygu rown i'n dechrau tua phedwar yn y bore ac erbyn i un o'r merched ddod â brecwast mas i'r cae fe fyddwn wedi trin tua 75 erw. Yn wahanol i Gymru, dim ond winshin a hanner o farlys ac ugain pwys o weryd (gwrtaith) yr erw fyddai'n cael eu hau. Ar ôl y barlys, yr un drefn eto gyda'r gwenith, ac eto y ceirch. Yna 320 erw o farlys fyddai'n cael ei dorri'n las a'i fwydo yn yr ysgub i'r gwartheg yn y gaeaf.

Roedd 640 erw o dir pori y pen pella o'r ransh ac fe fyddai'r gwartheg a'r lloi yn treulio'r haf yno. Roedd afon yn llifo drwy'r tir yma, ac fe fyddai'r *beaver* clyfar yn cronni'r afon er mwyn diogelu ei gartre rhag y llifogydd pan fyddai'r eira'n dadleth, ond gan fod y tir yn wastad fe fyddai hyn yn gwneud i'r afon orlifo ei glannau. Felly fe fyddid yn distrywio holl waith caled yr adeiladwr medrus â gwialenni lawer o *gelignite*.

Yn ymyl y tir yma roedd Indiad Coch wedi ymgartrefu mewn tipyn o gaban pren, fe a'i wraig, oedd wedi cael eu taflu mas o'u llwyth am ryw drosedd neu'i gilydd mae'n debyg. Rhyw unwaith y mis, byddent yn mynd i Rimbey i nôl ychydig o nwyddau, fe ar gewn ei geffyl, a'r wraig yn dilyn gan gydio yng nghwt y ceffyl. Gofynnodd Paul iddo pam fod ei wraig yn cerdded ac yntau ar gewn ei geffyl a daeth yr ymateb yn syth: 'Joe, plenty horses. Squaw none.'

Roeddynt yn rhai da ar gewn ceffyl, mor dda, yn wir, fel y byddent yn cael cystadlaethau ar wahân i rai'r dyn gwyn yn y *rodeos* a fyddai'n cael eu cynnal bron ym mhob pentre a thre yn ystod yr haf. Roedd amserau anhygoel o gyflym, eiliadau yn unig yn amal, am farchogeth ceffyl gwyllt, a tharw hefyd, ac roedd ras wagen a chwe cheffyl yn mynd mor gyflym ag y medrent, a gwneud ffigwr wyth o amgylch casgenni heb eu bwrw i'r llawr yn werth ei gweld.

Digwyddiad arall oedd yn bwysig iawn i Gymry

Canada ac America oedd y Gymanfa Ganu flynyddol. Byddai'n cael ei chynnal mewn gwahanol dre bob blwyddyn. Yn 1952 roedd y Gymanfa yn Ponoka, rhyw dri deg milltir o Rimbey. Roedd llawer o Gymry yn byw ac yn ffermio yn ardal Ponoka, ac roedd capel Cymraeg yno, a rhai o'm hardal enedigol i'n byw yno hefyd. Pobol fel y Georgeiaid – tri brawd a chwaer oedd wedi mynd yno o fferm y Beifil, Nyfer. Nid oedd yr un ohonynt wedi priodi. Ymddeolasant yn '52 a daethant 'nôl i Gymru am dro am y tro cyntaf y flwyddyn ganlynol, a minnau'n cael y pleser o'u gweld yn sioe Nyfer.

Teulu arall y cefais y fraint o'i gyfarfod oedd John Howells, ei briod, a'u mab David a'i deulu oedd wedi cymryd y fferm drosodd erbyn hynny. O Holmws, Tydrath, yr aethant hwy yno ryw hanner canrif ynghynt.

Ond i gael dod 'nôl at y Gymanfa Ganu. Roedd yn ddigwyddiad pwysig yng nghalendr y Cymry ac yn para dau ddiwrnod. Roedd llawer yn teithio cymaint â dwy fil o filltiroedd i fod yno. Roedd baner pob sir yng Nghymru lan ar y welydd, a chan ddechrau gyda Sir Fôn fe fyddem yn codi ar ein traed, yn debyg i seremoni Cymru a'r Byd yn yr Eisteddfod Genedlaethol. Roedd rhai pobol o bob sir yng Nghymru yn bresennol yng Nghymanfa 1952.

'Nôl ar y ransh roedd ambell i bant ar y tir fyddai'n cael ei lenwi pan fyddai'r eira yn dadleth (*slue* roedden nhw'n eu galw) ond erbyn mis Gorffennaf byddent wedi sychu, ac yn y darnau hynny y byddem yn tyfu gwair alffalffa. Gorffennaf hefyd oedd yr amser gwaethaf am fosgitos, ac o, fel yr oeddent yn brathu! Dyma dymor y

53

rodeo hefyd, y cystadlu'n frwd a'r amserau ar gyfer y gwahanol dasgau yn anhygoel.

Roedd mis Awst yn amser gofidus i ffermwyr oedd yn tyfu cannoedd o erwau o ŷd oherwydd dyma dymor y stormydd ceser. Fe alle un storm geser ddifa gwaith blwyddyn! Roedd gweld y cwmwl du isel, gwastad fel ford nid yn unig yn peri ofn i'r ffermwr ond i'r anifeiliaid hefyd. Fe fyddai'r gieir a'r moch, y defaid, y gwartheg a'r ceffylau'n ffoi am gysgod ymhell cyn i'r storm ddechrau. Fe fyddai hefyd yn ofynnol i guddio'r ffenestri rhag i'r ceser maint wyau gŵydd dorri'r gwydr. Dyma hefyd adeg fwyaf gwlyb o'r flwyddyn yn Alberta, yr adeg pan fyddid yn trio cadw'r chwyn i lawr yn y brynar haf, ac yn tyfu ychydig o wair alffalffa.

Yn Alberta y cefais allwedd y drws, fy mhen-blwydd yn un ar hugain oed, a hefyd becyn o bancos oddi wrth Mam. Ond roeddynt wedi hen lwydo ar y daith hir o Benparc! Does dim cof gen i gael unrhyw ffws i ddathlu'r pen-blwydd pwysig yma ar y pryd. Dim byd fel y partïon mawrion mae ieuenctid heddi'n eu cael ar droi'n ddeunaw.

Roedd hi'n bwrw eira yn drwm ar yr wythfed a'r nawfed ar hugain o Awst a'r cynhaeaf llafur heb ddechrau, ond yr wythnos ganlynol dyma'r tywydd yn gwella a'r beinder yn mynd o fore hyd nos. O bosib dyma'r gwaith caletaf a wnes i yn fy mywyd. Roedd y tractor yn cael ei yrru o ben y beinder felly roedd yn rhaid cadw llygad ar ble roech chi'n mynd, yn ogystal â'r dyfnder, y clwmu, ac yna roedd cawell yn dal y sgubau wrth iddyn nhw gael eu taflu mas. Roedd yn rhaid gadael rhain mewn rhesi bob yn ddeg ac roedd y ddyfais yma'n cael ei gweithio gyda'r droed felly roedd yn rhaid cadw'ch holl feddwl ar y gwaith yr holl amser.

Ar ôl bennu torri, bydden ni'n dechrau dyrnu. Yn gyntaf, rhaid oedd gofalu bod y storfeydd i ddal y grawn yn eu lle ar draws y *prairie*. Eu maint fel rheol oedd deuddeg wrth ddeuddeg wrth ddeuddeg ac roeddynt ar sgydau fel y gellid eu llusgo i'w lle. Byddid yn rhoi'r dyrnwr yn ymyl un o'r rhain, a dwy wagen, a dau geffyl yn cywain y sgubau at y dyrnwr. Roedd pob wagen yn ddeuddeg troedfedd o led ac yn un droedfedd ar bymtheg o hyd ac roedd ochrau uchel iddi fel nad oedd angen neb i'w llwytho. Doedd dim angen neb ar ben y peiriant dyrnu chwaith oherwydd roedd dyfais yn cludo'r sgubau mewn i'r drwm a chyllyll yn malu'r gwellt cyn ei fod yn cael ei chwythu mas trwy bibell yn domen fawr. Ac yno y byddai'r anifeiliaid yn cysgu ac yn bwyta dros y gaeaf.

Roedd y grawn yr un modd yn cael ei chwythu mas trwy bibell i'r stôr felly doedd dim angen i neb fod wrth y gwellt na neb i gario llafur wrth ddyrnu. Unwaith y byddai'r stôr yn llawn fe fyddid yn symud y peiriant dyrnu at y stôr nesaf ac yn cario mlân nes bod y cynhaeaf wedi bennu. Weithiau, byddai'r eira mawr yn cyrraedd cyn bod y cynhaeaf wedi dod i ben, ac fe fyddai'r sgubau o dan yr eira hyd y mis Ebrill canlynol, ond byddent wedi'u cadw'n berffaith dan yr eira, oedd yn eu cadw cystal â rhewgell.

Wel, er cael dau ddiwrnod o eira ddiwedd mis Awst, fe ddowd i ben â chael y gwair i ddiddosrwydd. Yr holl lafur wedi ei dorri a'r sgubau bwyd gwyrdd i'r ydlan cyn i'r eira mawr ddisgyn. Cynnyrch yr ardd hefyd o dan do, yr ŵyn i'r farchnad, a'r moch oedd yn barod i

Edmonton. Yna cael y gwartheg adre o'u tir pori haf ac fe fyddid yn barod am y gaeaf.

Ond roedd cwmwl du ar y gorwel. Roedd iechyd Paul Morris yn gwaethygu ac fe fu farw o glefyd yr arennau yn yr ysbyty yn Edmonton.

Fe fyddwn i'n arfer tynnu lluniau o bob math o achlysur, o'r crud i'r bedd – lluniau bedydd, lluniau pen-blwydd, llun priodas. Ond yng Nghanada fe gefais y profiad o dynnu llun arch agored, wedi ei gorchuddio â defnydd melfed piws ar y tu fas, ac ar y tu fewn â defnydd neilon gwyn. Roedd y caead fel drws stabal. Felly, gellid agor yr hanner uchaf a thynnu llun o'r ymadawedig gyda'r teulu, cyn gollwng yr arch i'r bedd. Roedd yn brofiad rhyfedd iawn.

Fel rheol, pan fyddai ffermwr yn ymddeol yng Nghanada yn y dyddiau hynny fe fyddai'n rhentu'r fferm mas, a'r telerau fel arfer fyddai fod y ffermwr yn cael un rhan o dair o'r cnwd bob blwyddyn fel rhent. Felly ar flwyddyn dda, byddai rhent uchel. Ond pe bai'n flwyddyn golledus – storm geser, er enghraifft – byddai'r perchen a'r tenant yn rhannu'r golled hefyd, oedd, mae'n debyg, yn ddigon teg.

Ar ôl i'r teulu wneud y penderfyniad i ymddeol wedi i Paul farw, roedd yn rhaid gwaredu'r stoc. Rhaid oedd gwneud y paratoadau ar gyfer yr arwerthiant. Llocau i'r defaid; gwerthu'r moch oedd yn ddigon trwm; cael corál yn barod ar gyfer y gwartheg ac un arall ar gyfer y ceffylau; casglu'r peiriannau at ei gilydd, yn ogystal â'r gwaith arferol o fwydo a bugeilio. Roedd hefyd angen malu llwyth o lafur – tua thair tunnell bob yn ail ddiwrnod, felly nid oedd perygl rhedeg mas o waith!

Erbyn dydd yr arwerthiant roedd y tywydd wedi oeri'n sylweddol. Roedd ychydig o eira ar lawr ac roedd yn rhewi'n galed, ond fe ddaeth tyrfa dda o bell ac agos i gael eu henwau ar y llyfr a chafwyd arwerthiant digon llwyddiannus.

Aeth tua wythnos wedyn i gynorthwyo'r prynwyr i lwytho'r ceffylau, y gwartheg, y moch a'r defaid, yr holl beiriannau hefyd ac yna glanhau ar ôl yr arwerthiant. Yna, rhaid oedd i fi benderfynu beth rown i'n mynd i'w wneud – chwilio am waith neu droi'n ôl am Gymru? Ar ôl tipyn o bendroni, y penderfyniad oedd dychwelyd i Gymru. Oni bai am yr amgylchiadau, mae'n debyg y byddwn wedi aros yn hirach. Pwy a ŵyr, efallai y byddwn yno o hyd?

Yna, rhaid oedd gwneud y trefniadau, cysylltu â Cunard unwaith eto, a chael lle ar y *Queen Mary* o Efrog Newydd ddau ddiwrnod cyn Nadolig. Ar yr 17eg o Ragfyr 1952 dyma ddechrau ar y siwrne yn ôl o'r wlad bell.

Roedd y bws yn gadael Rimbey am saith y bore, cyrraedd Edmonton tua un ar ddeg, cael taith o gwmpas y ddinas i weld y golygfeydd a'r holl ddatblygiadau oedd yn digwydd hyd yn oed yn y pumdegau. (Mae'n debyg erbyn hyn ei bod wedi dyblu mewn maint.) Gadael Edmonton tua chwech o'r gloch, a chyrraedd Saskatoon am bump y bore. Mlân wedyn i Yorkton, yna Winnipeg a chroesi'r ffin i America yn Emerson, Manitoba, ganol nos. Wedyn i Minneapolis a Saint Paul, Minnesota, ac yna mlân am Chicago. Cyrraedd yno am bedwar y bore a chael pedair awr o doriad. Mlân eto i Scranton a chyrraedd Efrog Newydd am bedwar o'r gloch prynhawn dydd Sul. Cael gwely a brecwast yn y YMCA (William Sloane House), pryd o fwyd ac yna gwely cynnar, ac ar ôl pedwar dydd a phedair noson o deithio roedd cwsg yn felys y noson honno eto.

Roedd dydd Llun gen i ar ei hyd i weld cymaint ag y medrwn o Efrog Newydd. Ar y pryd, yr Empire State Building oedd yr adeilad uchaf yn y byd – 1250 troedfedd o uchder, ac roedd 250 troedfedd o fast teledu ar ei do hefyd. Roedd y lifft yn eich cario'n syth i lawr 86, ac roedd cyfle am bryd o fwyd yno, a chael eich llun wedi ei dynnu, yna i fyny eto pymtheg llawr arall. Roedd edrych ar y cymylau yn mynd heibio odanoch yn deimlad rhyfedd, ac y mae'n debyg bod yr adeilad yn 'rhoi' modfeddi yn y gwynt. Pe na byddai'n rhoi mae'n debyg y byddai'n dymchwel. Dywedir eich bod yn gallu gweld am saith milltir o ben yr adeilad yma ar ddiwrnod clir. (Gyda llaw, roedd tad yng nghyfraith Danny Jenkins, Clyn-yr-ynys, wedi bod yn gweithio ar yr adeiladau uchel yma yn Efrog Newydd ac er taw Joe Lewis oedd ei enw, fel Joe Louie y cafodd ei adnabod weddill ei ddyddiau, ar ôl y pencampwr bocso croenddu.)

Lle arall rown i wedi clywed llawer amdano oedd Madison Square Garden. Dyma lle roedd rhai o ornestau bocso pwysica'r byd wedi eu cynnal, felly roedd yn rhaid galw yno, pe bai dim ond am fod yr enwog Tommy Farr wedi rhoi gornest galetaf ei yrfa i'r Brown Bomber yno.

Gadewais Efrog Newydd ar y 23ain o Ragfyr 1952 ar long fawr y *Queen Mary*, 81000 o dunnelli, a chael pryd da o fwyd cyn hwylio. Roedd dau ar hugain ohonom ar yr un bwrdd yn mwynhau'r wledd honno ond dim ond dau fu'n cydfwyta weddill y fordaith – y fi ac un arall. Roedd y lleill i gyd yn dioddef yn embyd o salwch môr. Ac nid oedd yn syndod oherwydd roedd yn hynod o arw.

Roedd yn arferiad ar ddydd Nadolig bod rhai o arweinwyr y Gymanwlad yn darlledu eu cyfarchion ar y radio cyn bod y Frenhines yn traddodi ei haraith am dri o'r gloch. Yn 1952, capten y *Queen Mary* oedd yr olaf i siarad cyn y Frenhines. Roedd, meddai, wedi croesi'r môr gannoedd o weithiau ond erioed wedi ei weld mor arw. Roedd pen blaen y llong yn codi fel march ar ei draed ôl, ac yna'n disgyn wedyn nes bod y tonnau'n mynd drosti a'r propelor yn dod mas o'r dŵr, ac yna yn mynd 'nôl gyda'r fath sŵn nes peri i chi feddwl fod y diwedd yn agos.

Galw yn Cherbourg wnaethom fore Sul a chyrraedd Southampton nos Sul y 29ain o Ragfyr. Fore Llun, dal trên i Lundain ac un arall wedyn i Gaerfyrddin, cyn cael bws i Aberteifi. Rown i'n cnocio ar ddrws Ardwyn (cartre Mam a 'Nhad ym Mhenparc) tua hanner awr wedi wyth y nos, a Mam yn cael sioc ei bywyd wrth fy ngweld ar garreg y drws. Doeddwn i ddim wedi dweud wrth neb fy mod yn dod adre.

'Nôl yng Nghymru fach

DECHRAU'R FLWYDDYN (1953), fe wnes i ailgydio lle rown i wedi gadael yn Nantllan a'r cyflog yn chwe phunt yr wythnos.

Diwedd 1954, ces gynnig gwaith yn Ffynnon Fair, Blaenporth, am wyth punt yr wythnos. Roedd dwy bunt o godiad yn ormod i'w wrthod, felly dechreuais y gwaith newydd ar ôl y ffair, ar yr unfed ar ddeg o Dachwedd. Roedd Ffynnon Fair yn fferm tua wyth deg erw, yn godro tua deunaw o wartheg ac yn cadw pedair hwch fagu. Roeddem yn magu lloi, yn gwerthu ambell i fuwch odro yn y mart yn Aberteifi a'r perchyll yn yr un modd.

Roedd dwy ffordd i fynd i Ffynnon Fair, y naill ar hyd feidir weddol hir ar y ffordd o Gogerddan i Aberporth, a'r llall o Flaenporth heibio Blaen Nant. Roedd y gyntaf yn cael ei defnyddio yn ddyddiol i fynd â'r llaeth i ddal y lorri, a'r ail i fynd i'r mart yn Aberteifi ar ddydd Llun â pherchyll neu loi i'w gwerthu. Roedd rhoi'r byd yn ei le yn digwydd yn y ddau le. Ar y stand laeth y clywais y dywediad 'dyled angladd' gan un cymydog oedd, mae'n debyg, wedi claddu dwy wraig, oedd yn swnio'n debyg i ddyled diwrnod o help gyda'r cynhaeaf.

Roedd Harris Blaen Nant yn dipyn o gymeriad. Roedd

yn cywain sgubau un diwrnod a bachgen o'r pentre yn gyrru'r Ffyrgi Fach iddo. Dyma sut y rhoddodd y cyfarwyddyd i yrru'r tractor, mae'n debyg: 'Put it in two and when you come to a bwmp, put it in one'. Y bwmp oedd ambell i rych go ddwfwn a chefen go uchel yn croesi'r parc hwnnw.

Roedd Harris yn codi bîtrwt da iawn, a dyma fi'n ei ganmol wrth gael sgwrs un diwrnod. 'Dere draw â sach rhyw nosweth i ti ga'l rhai,' oedd yr ymateb. Aeth tua pythefnos heibio cyn i fi fynd draw a rhaid nad oedd e'n ei hwyliau'r noson honno oherwydd pan ddywedais fy mod wedi dod i mofyn y bîtrwt addawedig yr ymateb oedd, 'Chei di ddim mohonyn nhw nawr, fe ddylet ti fod wedi dod pan ddwedes i wrthot ti!' A mynd adre'n waglaw fu fy hanes y noson honno.

Roedd gan Harris Blaen Nant gymeriad o'r enw Edwin yn cartrefu yn y storws, yn cysgu ac yn cael ei fwyd yno hefyd. Am y caredigrwydd hwnnw fe fyddai Edwin yn gwneud rhyw dwtiach o gwmpas y lle. Roedd yn frawd i'r enwog Tom a adwaenid fel Twm Shot. Dwn i ddim sut y cafodd y llysenw hwnnw ond roedd yn gymeriad digon hoffus. Cofiaf ei weld droeon ar y stryd yn Aberteifi, cap ar gornel ei gern, crafat goch am ei wddf, a chot fawr frethyn amdano. Ym mhocedi'r got y byddai'n cario ei docyn ac yn helpu ei hun yn ôl y galw i fynsen neu hyd yn oed dorth. Roedd trydydd brawd hefyd nas cofiaf ei enw, a bu'r brawd hwnnw farw yn sydyn iawn. Ymateb Twm i'r cydymdeimlad a offrymwyd iddo ar farwolaeth ei frawd oedd, "Na dda nawr; *speed* yw'r cwbwl nawr.'

Mae'n debyg ei fod yn mynd yn weddol gyson i gapel Blaenannerch i wrando ar yr enwog Barchedig

MP Morgan, a'i fod yn cofio llawer o'i bregethau ar ei gof. Byddai'n mynd i dipyn o hwyl yn ailadrodd darnau o bregethau MP Morgan wrth bwy bynnag fyddai'n fodlon gwrando. Clywais ddweud hefyd, pan fu farw, ryw sôn am ei gladdu ar y plwyf ond bod y Parchedig wedi dweud taw y fe fyddai'n claddu Twm, a'i fod wedi cael angladd ryfedd o barchus. Dim ond un waith y clywais y Parch MP Morgan yn pregethu, a hynny mewn cyrddau blynyddol yng Ngethsemane, sydd wedi cau ers llawer blwyddyn.

Rwyf wedi dweud yn barod fod y Tabernacl, Trewyddel, wedi bod yn bwysig yn fy mywyd. Rown i wedi arfer cymryd rhan mewn oedfaon gweddi ac oedfaon plant a phobol ifanc ar hyd y blynyddoedd. Wel, yn 1955, fe'm perswadiwyd gan yr eglwys a chan ein parchus weinidog, Roger Jones, i ddechrau pregethu. Y cam nesaf oedd mynd o flaen y Cwrdd Chwarter, cael fy nghyfweld yno ac yna, yn ôl trefn y Bedyddwyr, pregethu o flaen tri o weinidogion. Y tri ddewiswyd gan y Cwrdd Chwarter oedd y Parch. DJ Michael, Blaenconin; y Parch. R. Parri Roberts, Bethel, Mynachlog-ddu a'r Parch. L. Young Haydn, Bethabara. Tri o fawrion yr enwad.

Y cam nesaf oedd mynd o flaen y Gymanfa oedd yn cael ei chynnal yn Harmony, Pencaer, y flwyddyn honno am mai'r Parch. John Young, gweinidog Harmony ar y pryd oedd y Llywydd. Ar ôl cael cefnogaeth y Cwrdd Chwarter a'r Gymanfa fe allwn fod wedi mynd i'r coleg ac ymgeisio am y weinidogaeth, ond wnes i ddim. Mae'n siŵr fod yna fwy nag un rheswm am hynny. Tynfa'r pridd oedd un ohonynt a phrinder adnoddau ariannol yn un arall. Erbyn hyn y mae'n edifar gennyf, yn enwedig gan fod cymaint o brinder gweinidogion bellach. Ond rwy wedi bod yn 'gropyn yn y bwlch', fel petai, am dros 60 o flynyddoedd bellach, ac yn ei chyfri'n fraint i gael gwneud.

Mae ambell i oedfa arbennig yn dod i'r cof yn awr, fel cael cymryd at y rhannau arweiniol ym Mlaenwaun yn y cyrddau blynyddol cyn bod y Parch Lewis Valentine, awdur 'Dros Gymru'n Gwlad', yn pregethu. Dwi'n cofio'r sôn ar y pryd bod un neu ddau o'r diaconiaid wedi aros bant o'r cyrddau yma am resymau gwleidyddol – oherwydd rhan Lewis Valentine, ynghyd â DJ Williams a Saunders Lewis, flynyddoedd ynghynt, yn llosgi'r ysgol fomio ym Mhenyberth.

Oedfa arbennig arall oedd pan ges gymryd at y rhannau arweiniol ym Mlaenwaun eto, cyn bod y Parch. Roger Jones yn pregethu, wrth agor y capel ar ôl ei adnewyddu. Os cofiaf yn iawn roedd y gost dros chwe chan punt, a'r drefn oedd fod pawb i ddod â'i gyfraniad i'r oedfa. Roedd y casgliad yn ddigon i glirio'r gost, am fod y Parch. John Thomas (gweinidog Blaenwaun) wedi gwneud ei waith cartre mlân llaw.

Un oedfa arall a gofiaf yn dda yw un o gyrddau mawr Bethabara a chael fy ngalw eto gan y gweinidog, y Parch. L. Young Haydn, i gymryd at y rhannau arweiniol cyn bod y Parchedigion Wilfred Evans, Treherbert, a Jubilee Young yn pregethu. Yn y cyfnod hwnnw roedd yn arferol cael dau bregethwr mewn cyrddau blynyddol ac roedd y capel mor llawn fel y bu'n rhaid cael ffwrwme i'r ale i bawb gael lle i eistedd.

Dechrau'r busnes

YN 1958 DYMA fferm Ffynnon Fair yn cael ei werthu. Prynais y tractor a dechrau fel gweithiwr hunangyflogedig ar ffermydd ardal go eang. £130 oedd pris y tractor. Prynu peiriant torri-pen-clawdd gyda WH James yng Nghrymych am £105 a dechrau wedyn ar yrfa a barodd nes cyrraedd oed ymddeol a throsglwyddo'r cyfan i Aled y mab.

Ar ôl dechrau'r busnes rhaid oedd ychwanegu peiriannau eraill wrth i'r gwaith lwyddo: llif PTO, llif gadwyn ac yn y blaen. Yna, yn 1959 prynais Fordson Major newydd ac arad un gwys Prairie Buster oedd yn troi cwys deunaw modfedd o led a chael gwaith bron am un gaeaf gan Mr Tom James, Ivy House, Llangrannog, yn aredig rhostir garw, eithin, rhedyn a cherrig. Fe gododd yr arad honno lawer o 'ddaear las ar wyneb anial dir', ys dywed y gân. Tua deg erw ar hugain yn Llwynihirion, Brynberian, a thua phymtheg erw yng Nghilgwyn Mawr. Fel yna y cynyddodd y peiriannau. Roedd rhaid gweithio oriau meithion a chasglu digon o arian i brynu rhyw beiriant ychwanegol, ac fel yna y bu hi drwy'r blynyddoedd.

Roedd y broses o brynu yn unigryw i'r oes hefyd, dwi'n credu. Galwodd Mr Tom Davies, Blaenteg, un diwrnod i geisio gwerthu beler newydd a finnau'n dweud wrtho nad allwn fforddio ar y pryd. Ond cefais fy mherswadio i'w brynu, a'r telerau oedd talu ar ddiwedd y tymor. Cefais ddigon o waith i'r Jones Royal drwy'r haf hwnnw ac er taw dim ond pedair ceiniog a hanner y bêl (yn yr hen arian) rown i'n ei gael, es i gasglu'r arian oedd yn ddyledus ddechrau mis Awst a chael digon i dalu'n llawn amdano.

Y blynyddoedd dilynol prynais beiriant silwair a threilar, a chombein New Holland – y cyntaf, ond nid yr olaf. Ac nid dim ond fy mywyd gwaith oedd yn newid a datblygu ar yr adeg yma...

Ar ddechrau hydref '60 a'r tymor torri cloddiau wedi dechrau, dyma gael galwad i Argoed, Felindre Farchog, ac yno gwrdd â Huldah. Dyma drefnu i fynd i'r pictiwrs yn Abergwaun un noson. Ffilm gomedi y *Three Stooges* oedd yn cael ei dangos. Roedd y ddannodd yn embyd arna i ac roedd y ffilm am ddannodd a thynnu dannedd! Dechrau digon annifyr i'n perthynas felly, ond y mis Awst canlynol, ar fy mhen-blwydd yn ddeg ar hugain oed, priodon ni yng nghapel Bethlehem, Tydrath. Ond bu raid teithio lan i Sir Ddinbych ar brynhawn y briodas gan fy mod yn pregethu drannoeth yn Rhiw, Nantglyn a Llansannan, ac aros y noson honno gydag Alun fy mrawd yn Llandudno, lle roedd yn blismon.

Fore Llun, dyma fynd ar ein ffordd i dreulio'n mis mêl yn yr Alban a syrthio mewn cariad gyda'r wlad a'i phobol. I fyny trwy Glasgow ar ein ffordd i Fort William ac aros noson ar fferm yn Glencoe. Cawsom storm o fellt a tharanau yn ystod y nos ac ar y radio fore trannoeth clywsom fod dau wedi cael eu taro gan fellten ar y mynydd y tu ôl i'r fferm. Yna, mynd lan heibio Loch Lomond i Elgin ac yna'n groes i Aberdeen, i lawr drwy Gaeredin ac wedyn yn ôl am adre. Ond ar y ffordd roedd rhaid galw yn Leominster gyda ffrind coleg i Huldah – Gwenda, a John ei gŵr a threulio diwrnod yn eu cynorthwyo wrth y cynhaeaf.

Dechreusom ein bywyd priodasol yn y Central Café ar sgwâr Tydrath – cartre Huldah a fy mam yng nghyfraith, Annie Jane Lewis. Wnes i ddim cyfarfod â fy nhad yng nghyfraith, Alban Lewis, am fod Huldah wedi colli ei thad pan oedd yn blentyn ysgol. Roedd y teulu wedi bod yn ffermio fferm Y Felin yng nghysgod castell Tydrath ac ef hefyd oedd melinydd olaf y pentre. Roedd gan Alban Lewis ddau frawd – Tom, oedd yn athro Economeg yng Ngholeg Prifysgol Aberystwyth, a Teitws, oedd yn brifathro ar Ysgol Maenclochog. Ganddo fe, yn ein priodas, y clywais gyntaf am arferiad teulu fferm Llandeilo i roi'r enw Melchior a Letitia yn enwau ar eu plant.

Roedd Teitws yn un o'r ymladdwyr dewr a ataliodd y fyddin rhag hawlio tir y Preselau i ddibenion ymarferion milwrol adeg yr Ail Ryfel Byd, ynghyd â'r Parchedig R. Parry Roberts ac eraill.

Ond yn ôl at fy hanes. Bu Huldah a fi'n byw yn y Central Café wrth chwilio a chael hyd i gartre i ni'n hunain. Erbyn i hynny ddigwydd ymhen blwyddyn roedd Gwyneth Mair wedi ei geni yn blentyn cyntaf i ni. Yn fuan iawn wedi hynny dyma ni'n symud i Llwynllwyd Fach, Penparc, deuddeg erw a hanner o dyddyn a gostiodd £1125 o bunnoedd.

Ar ôl prynu ac adnewyddu'r tŷ, daeth y dydd i symud mewn a chael lorri i symud y celfi rown ni eisoes wedi eu casglu ynghyd. Yna, ar ôl dadlwytho'r celfi, danfon y lorri yn ôl i Rhydgaled, Glanrhyd, i gyrchu ein buwch gyntaf. Rown i wedi bod yn aredig cae i Mr Griff Davies ac wedi sylwi bod ganddo fuwch Guernsey yng nghanol llawn glowty o wartheg du a gwyn, a dyma fi'n gofyn iddo a fyddai'n fodlon gwerthu'r fuwch honno i ni, gan ei bod yn edrych mas o le yng nghanol yr holl wartheg du a gwyn. Yr ymateb oedd y byddai ond yn rhy falch i gael gwared arni am ei bod hi'n cicio a'i fod yn gorfod aros wrth ei hymyl tra oedd y peiriant godro arni neu byddai hwnnw ar y llawr mewn dim o dro.

Gan nad oedd llawer o wartheg Guernsey yn yr ardal dyma ddweud fy mod yn barod i roi cynnig arni. Beth oedd y pris i fod?

Faint oedd arno am aredig y cae oedd y cwestiwn nesaf.

Naw punt ar hugain.

Felly, cael y fuwch yn dâl am aredig y cae oedd y cytundeb.

Wedi iddi gyrraedd Llwynllwyd Fach, dyma ei bedyddio'n Efa, am mai hi oedd ein buwch gyntaf, a'i throi mas i gae bach ar bwys y tŷ. Y noson honno, aeth y ddau ohonom i'w nôl i'w godro. Dyma lwyddo i'w dal yn ddigon diffwdan â phenwast am ei phen, ei harwain a'i chlymu ar y clos, fi yn ei dal a Huldah yn ei godro – â llaw, wrth gwrs. Wnaeth hi ddim hyd yn oed codi troed. Dyna'r fargen orau ddaeth i'n rhan ni mor bell ag roedd prynu gwartheg yn y cwestiwn. Ar ôl cael tri llo ohoni, ei gwerthu ym mart Caerfyrddin wnaethon ni a chael £65 amdani!

Roedd y ffaith fod fy nhad yn gweithio gydag adeiladwyr erbyn hyn o gymorth mawr i ni gydag addasu ac adeiladu yn Llwynllwyd Fach yn y blynyddoedd cyntaf – y tŷ i ni fyw ynddo a'r adeiladau mas ar gyfer ein gwaith. Cawsom grant i gael dŵr a thrydan a stafell molchi i'r tŷ cyn i ni symud i mewn pan oedd Gwyneth yn chwe wythnos oed, ganol haf 1962. Addaswyd y glowty er mwyn i ni odro deg buwch ac adeiladwyd 'tŷ cwler' yn sownd iddo i drin y llaeth. Codwyd sied wair â *lean-to* wrthi, yn cynnwys lle i gadw deg hwch a baedd. Gydag amser codwyd *pre-fab* yn weithdy ar gyfer y peiriannau. Rown i'n gweithio mas drwy'r dydd fel contractiwr amaethyddol ac yn dod adre yn hwyr y nos a'r gwaith i gyd wedi ei wneud. Teg fyddai gofyn a ydym ni wŷr yn gwerthfawrogi'r holl waith mae ein gwragedd yn ei wneud?

Roedd y teulu'n cynyddu'n sydyn. Erbyn 1967 roedd Gwawr, Aled a Menna wedi chwyddo'r teulu i chwech. Roedd magu teulu yn gallu bod yn ofidus bryd hynny, fel nawr, ac rwy'n cofio un peth yn benodol. Pan oedd Aled rhyw naw neu ddeg mis oed dyma fe'n cael ei daro'n wael gyda *pneumonia* ac yn cael ei gymryd i Ysbyty Aberteifi. Yn y dyddiau hynny doedd rhieni ddim yn cael aros mewn gyda'u plant sâl ond, yn hytrach, yn gorfod ymweld ar amseroedd penodol fel pawb arall. Wrth adael un noson dyma'r doctor yn dweud wrth Huldah a fi y basai'n ein ffonio petasai ei gyflwr yn gwaethygu yn ystod y nos. Er mawr ofn i ni, tua chanol nos, dyma'r ffôn yn canu a ninnau'n ei ateb – gan ddisgwyl clywed y gwaethaf. Yn ffodus i ni, dyma glywed llais ffermwr lleol ar ben arall y lein yn esbonio bod twymyn laeth ar fuwch odro ganddo ac yn gofyn i Harris y Fet ddod mas i'w thrin. Un rhif o wahaniaeth oedd rhwng ein rhif ffôn ni a rhif Harris. Fuon ni erioed mor falch o dderbyn galwad *wrong number*!

Ar ddechrau'r 1980au, trwy eirda gan ffrind ar bwyllgor Cymdeithas Bro a Thref Cymru, John Pugh

Jones, Darowen, cefais gynnig gwerthu hadau i gwmni Hunters of Chester. Roedd y cwmni wedi ei sefydlu gan James Hunter yn 1883 ac erbyn hyn yn cael ei redeg gan ei wyrion, Peter a John Hunter. Roedd y ffaith fy mod yn gweithio ar ffermydd ardal go eang yn barod yn rhoi cyfle i mi i'w perswadio i brynu hadau gennyf hefyd. Ac roedd John Pugh wedi cyfansoddi pennill i roi ar fy ngherdyn busnes:

Os am borfa dda o safon
Sydd yn plesio'r cwsmer cyson,
Peidiwch oedi 'nglŷn â'r mater –
Prynwch hadau Hunters Chester.

Yn nes mlân dyfeisiodd John Hunter beiriant hau hadau yn syth mewn i dir pori – y *strip seeder* – ac fe brynais i un. Yn awr roedd gen i'r modd i hau'r hadau rown i'n eu gwerthu. Bellach, roedd yn bosib gwella tir nad oedd yn bosib ei aredig am wahanol resymau, am ei fod yn rhy serth neu'n rhy garegog ac ati. Hefyd, rown i'n gwerthu ambell un o'r peiriannau i gontractwyr eraill. Mi fues i'n dangos rhinweddau ymarferol y *strip seeder* yn erbyn peiriannau tebyg gan gwmnïoedd eraill i amryw o Gymdeithasau Tir Glas – yn Arberth; yn y coleg ym Mrynbuga; ar fferm Coleg Aberystwyth, yn ardal Trecastell a hefyd yn Dyfeity yn ardal y Bala, ymhlith llefydd eraill. Y *strip seeder hwn* oedd yn dod i'r brig bob tro, yn ôl yr arbenigwyr.

Roedd sioeau Smithfield a Stoneleigh yn eu hanterth bryd hynny, yn ogystal â Llanelwedd, Hwlffordd, a Phrimin Môn. Gwerthais un o'r peiriannau yn sioe Môn un flwyddyn i ardal Bancyfelin, Caerfyrddin, a'i hebrwng adre ar ôl dau ddiwrnod caled ar stondin Hunters yn y sioe. Bellach, mae Sioe Aeaf Smithfield a'r Sioe Frenhinol yn Stoneleigh wedi hen ddiflannu ond mae Sioe Sir Benfro, Sioe Frenhinol Cymru, Llanelwedd a Phrimin Môn yn dal i fynd o nerth i nerth.

A thra own i'n dal i weithio, rown i nid yn unig yn gyfrifol am drefnu'r stondinau yn y sioeau ond hefyd yn bresennol ar hyd cyfnod y sioe, ac yn cysgu ar y safle. Fe fyddwn yn gwneud dished o de neu goffi o fore gwyn tan nos i'r cwsmeriaid fyddai'n galw heibio. Byddai Huldah wedi bod wrthi'n brysur yn gwneud dwsenni o bice ar y ma'n a theisen ffrwythau o rysáit ei mam i fi fynd gyda fi. Roedd ei mam wedi arfer gwneud hon ar gyfer ei chwsmeriaid pan oedd yn rhedeg y Central Café ar sgwâr Tydrath. Cacen 'slab' roedden ni'n ei galw achos roedd fy mam yng nghyfraith yn ei gwneud mewn tun sgwâr mawr yn benodol er mwyn ei gwerthu i'r ffermwyr adeg y cynhaeaf. Byddai'r holl gacennau wedi eu rhewi cyn i fi adael am y sioeau a'u cadw mewn rhewgell ar y stondin er mwyn sicrhau digon o ddanteithion ffres ar gyfer y cyfnod. Roedd rhagor yn cael eu danfon trwy law aelodau o'r teulu fyddai'n ymweld â'r sioe ganol wythnos ambell i flwyddyn.

Rhaid fy mod yn weddol lwyddiannus yn gwerthu'r hadau a'r peiriannau dros Hunters oherwydd cefais fy mhenodi'n rheolwr gwerthiant dros Gymru ymhen rhyw ddwy flynedd wedi dechrau ar y gwaith. Roedd y swydd yma'n golygu teithio llawer ar hyd a lled Cymru i gyfweld gwerthwyr newydd a chael gwared ar ambell un hefyd, gwaetha'r modd, os nad oeddent yn llwyddo i werthu digon o gynnyrch. Fe fyddwn hefyd yn treulio un diwrnod y mis yn y swyddfa yng Nghaer ar y cychwyn, ond gyda dyfodiad y cyfrifiadur doedd dim angen gwneud hynny mwyach.

Cariad at fro, gwlad ac iaith

Rown i wedi bod yn aelod o Blaid Cymru ers i fi ddod 'nôl o Ganada yn 21ain oed. Gwir y dywediad 'Gorau Cymro, Cymro oddi cartref' a fedrwn i ddim meddwl am gefnogi'r un blaid Brydeinig. Y cam nesaf oedd ymuno â changen Aberteifi o'r Blaid a chyn bo hir cefais fy ethol yn gadeirydd arni. Bues wedyn yn gadeirydd y Pwyllgor Rhanbarth (Pwyllgor Etholaeth y dyddiau yma) ar fwy nag un achlysur, pan oedd pobol fel Clifford Davies a'r Dr Dafydd Huws yn braenaru'r tir ar gyfer buddugoliaeth Cynog Dafis yn nes mlân.

Yn 1966 cafwyd buddugoliaeth ysgubol yn Sir Gaerfyrddin pan enillodd Gwynfor Evans y sedd i'r Blaid a dyna aelod cyntaf i'r Blaid yn San Steffan. Rown i wedi gwneud ymdrech, er fy mhrysurdeb gyda chontractio, gwerthu hadau, pregethu a chynghora, i fynd i gynhadledd flynyddol Plaid Cymru ar hyd y blynyddoedd. Rwyf wedi cyfrannu droeon o'r llwyfan mewn ambell i ddadl. Ond uchafbwynt y gynhadledd wastad i fi oedd araith y Llywydd – Mr Gwynfor Evans.

Yn ystod yr araith fe fyddai'n sôn am obeithion y Blaid ar y pryd, ac am ryw ymgyrch neu'i gilydd. Cofiaf un flwyddyn iddo ddadlau y dylai Cymru fod yn aelod o'r Cenhedloedd Unedig a bod dros hanner cant o wledydd llai na Chymru yn aelodau yn barod. Byddai'n sôn am fethiannau'r llywodraeth fyddai mewn grym, gyda golwg ar Gymru. Byddai'n canmol rhywrai fyddai wedi cael llwyddiant mewn ambell i etholiad. Diben hyn, wrth gwrs, oedd ysbrydoli'r aelodau i gael mwy o lwyddiant fyth. Ond uchafbwynt ei araith i mi oedd y wers ar hanes Cymru. Yn yr ysgol yn Nhrewyddel, tebyg i gân boblogaidd Dafydd Iwan oedd hi – 'lessons history; lessons English o hyd ac o hyd' – a'r 'lessons history' wrth gwrs oedd hanes Lloegr. Dim sôn am Gymru. Yr unig beth mor bell ag roedd Cymru yn y cwestiwn oedd ychydig am Ddewi Sant ar Ddydd Gŵyl Dewi.

Achlysur cofiadwy arall oedd y cyfarfod yn neuadd Crymych i ddathlu buddugoliaeth Gwynfor dros Maggie Thatcher a Willie Whitelaw pan fu'n rhaid iddynt newid eu meddwl ynglŷn â sefydlu S4C. Roedd y neuadd dan ei sang a Gwynfor yn cyhoeddi ei fod yn rhoi'r gorau i'r bwriad o ymprydio hyd farwolaeth.

Yn 1972 dyma ddeddf llywodraeth leol newydd yn mynd drwy'r senedd. Ymhlith pethau eraill, roedd yn gwneud i ffwrdd â chynghorau plwyf yng Nghymru (ond nid yn Lloegr) ac yna'n creu cynghorau bro neu gymuned yn eu lle. Roedd hefyd yn creu cynghorau sir anferthol e.e. Ceredigion, Caerfyrddin a Phenfro yn cael eu huno i greu Cyngor Sir Dyfed. Roedd llawer o wrthwynebiad i hyn a bron yn syth fe ddechreuwyd ymgyrch i ddod yn ôl â Sir Benfro.

Roedd Plaid Cymru yn awyddus i'w haelodau roi eu henwau mlân ar gyfer yr etholiad i'r cynghorau newydd, ac felly dyma ganiatáu i fy enw gael ei gynnig ar gyfer Cyngor y Ferwig, a chefais fy ethol.

Y peth cyntaf a'm synnodd, o gofio bod pob un o'r cynghorwyr yn Gymry Cymraeg a bod pob trafodaeth yn Gymraeg, oedd fod y cofnodion yn cael eu cadw yn uniaith Saesneg. Peth arall, er nad oes yna 'v' yn yr wyddor Gymraeg, y sillafiad Verwig oedd yn cael ei ddefnyddio. Da dweud ein bod wedi llwyddo i unioni'r cam hwnnw trwy berswâd a chydweithrediad fy nghyd-gynghorwyr.

Bûm yn gadeirydd y cyngor am ddwy o'r ugain mlynedd y cefais y fraint a'r pleser o fod yn aelod o'r cyngor. Fu 'na ddim gwell cyngor am gydweithio a chyd-dynnu.

Roedd y National Association of Local Councils (NALC), mudiad Llundeinig, yn cynyrchioli cynghorau bro Cymru ar y pryd ond yn eu cynhadledd flynyddol, pan geisiodd y Cyng. Gwynn Bowyer o ardal Caerfyrddin gyfrannu yn Gymraeg, ni chafodd wrandawiad. Canlyniad hynny fu galw cyfarfod yn Aberystwyth o holl gynghorau bro a thref Cymru. Es i yno i gynrychioli Cyngor y Ferwig a phenderfyniad y cyfarfod oedd sefydlu Cymdeithas Cynghorau Bro a Thref Cymru a chefais fy ethol yn gadeirydd cyntaf y gymdeithas newydd. Swydd tair blynedd oedd hi ac yna bûm yn drysorydd am ddeuddeg mlynedd, cyn treulio tair arall fel cadeirydd eto a chydweithio gyda Chymry mawr fel y Dr Wynne Samuel, oedd yn Ysgrifennydd Cyffredinol; yr Athro Tedi Millward, a fu'n Ysgrifennydd Adran y Gyfraith; y Cynghorydd Gwynn Bowyer, fu'n weithgar iawn gyda chyhoeddi *Bro*, papur y Gymdeithas, a'r Cynghorydd Isgoed Williams, Trawsfynydd, fu'n gweithio'n galed yn ennill cynghorau'r gogledd i ddod yn aelodau.

Rown i'n gwneud llawer iawn o deithio ar draws

Cymru benbaladr yn cenhadu ar ran y Gymdeithas newydd, yn cynnal cyfarfodydd sirol ac yn ennill aelodau newydd yn gyson. Pan own i'n mynd i'r gogledd, byddwn yn galw am Tedi Millward yn Aberystwyth cyn mynd mlân wedyn i Drawsfynydd, lle roedd Isgoed Williams yn ymuno â ni, a'r tri ohonom, wrth deithio, yn trefnu agenda'r cyfarfod oedd yn ein haros.

Cofiaf yn dda am ambell un o'r cyfarfodydd hynny am ryw reswm arbennig, fel un cyfarfod yn Llannefydd. Gan taw Pleidwyr oeddem roedd hynny'n cael ei ddefnyddio yn ein herbyn gan ein gwrthwynebwyr yn NALC. Felly rown i'n pwysleisio bob amser yn fy sylwadau agoriadol fod croeso i bawb, pa blaid bynnag yr oeddent yn ei chefnogi. Gan ein bod yn etholaeth Mr Geraint Morgan, Aelod Seneddol Ceidwadol, dyma fi'n ychwanegu, 'Hyd yn oed os ydych chi'n Dori rhonc!' a dyma'r cadeirydd lleol, dynes ag enw posh barel-dwbwl, ar ei thraed gan gyhoeddi ei bod hithau'n Dori rhonc. Da dweud i Lannefydd ymuno â'r Gymdeithas, gyda thros gant arall y flwyddyn gyntaf.

Cyfarfod arall a gofiaf yn dda oedd un yng Nghemaes, Sir Fôn, a'r Parch. Emlyn John, oedd yn enedigol o Fynachlog-ddu ac yn frawd i 'nghyfaill Eric John, yn cadeirio. Ef hefyd oedd ysgrifennydd ein pwyllgor sirol ar yr ynys. Erbyn cael paned ar ôl y cyfarfod roedd hi tua hanner awr wedi deg arnom yn cychwyn tua thre. Paned arall gydag Isgoed yn Nhrawsfynydd a chyrraedd adre tua thri y bore gyda diwrnod o waith o'm blaen.

Dro arall, cofiaf fynd gyda'r Dr Wynne Samuel i gyfarfod ym Mhwllheli, ac eto i Ddinas Mawddwy gyda Mrs Mary Thomas, Ysgrifennydd y Gymdeithas ar y pryd. Wynne, Gwynn Bowyer a fi yn cynnal amryw o gyfarfodydd yn y de, a'r gymdeithas yn dal i gynyddu ac yn mynd o nerth i nerth. Un arall a gyfrannodd yn helaeth i lwyddiant y gymdeithas oedd Mr Ioan Bowen Rees oedd â phrofiad o fod, fel y Dr Wynne Samuel, yn brif weithredwr cyngor sir. Yn ogystal â llywydd, roedd gan y Gymdeithas bedwar is-lywydd – un o bob un o'r pedair plaid oedd ag aelodau seneddol yn San Steffan.

Digwyddiad pwysig yn hanes y Gymdeithas oedd y cyfarfod blynyddol. Y llywydd fyddai'n cadeirio cyfarfod y bore os oedd yn bresennol, ac yna fe fyddwn i'n cymryd drosodd sesiwn y prynhawn pan y byddid yn trafod y cynigion oedd wedi cael eu cyflwyno gan gynghorau unigol. Rhaid cyfaddef, rown i wrth fy modd yn llywio'r trafodaethau yna.

Fe gafodd adran y gyfraith lawer o lwyddiant ar ran cynghorau unigol. Roedd yr Ymddiriedolaeth Genedlaethol wedi gosod arwydd Llwybr Cyhoeddus yn y Mwnt o'u tir nhw i dir fferm nad oedd yn eiddo iddynt. Bu'n rhaid iddynt ei dynnu i lawr. Cafodd Cyngor Llangoedmor hefyd gyngor rhad ac am ddim gennym pan oedd NALC wedi eu cynghori i fynd at gyfreithiwr ar ryw fater.

Bu'r Dr Wynne Samuel yn cynrychioli amryw o gynghorau mewn ymchwiliadau cyhoeddus. Yn eu plith roedd Cenarth, Tal-y-bont, a brwydr fawr gyda'r Bwrdd Glo ar ran Ystradgynlais. Ac mae'n bwysig cofnodi bod yr arbenigwyr yma oedd ar y panel cyfreithiol yn rhoi o'u gwasanaeth yn rhad ac am ddim, a bod y cyfan ar gael yn Gymraeg neu yn ddwyieithog.

Yn y cyfnod yma hefyd roedd yna lawer o bryder oherwydd bod cymaint o dai ein pentrefi yn cael eu prynu gan bobol o'r tu fas i Gymru, pobol a oedd nid yn unig yn ddi-Gymraeg, ond hefyd yn defnyddio'r tai fel ail gartrefi neu fel bythynnod gwyliau. Roeddynt yn cael eu hadnabod ar y pryd fel 'nythod gwenoliaid'. Roedd gan y bobol yma fwy o arian i'w wario na phobol y cymunedau lleol ac roedd hyn yn golygu bod pris y tai yn mynd y tu hwnt i gyrraedd ein pobol ifainc.

Roedd amryw o gymdeithasau tai yn cael eu sefydlu ar draws Cymru ar yr adeg yma. Yn eu plith, Cymdeithas Tai Dyffryn Teifi, sef Cantref erbyn hyn. Cefais wahoddiad i ymuno â'r criw dethol yma ar y cychwyn. Prynwyd ein bythynnod cyntaf, eu haddasu a'u rhentu i bobol leol. Fel yma yr aeth y Gymdeithas o nerth i nerth – nid yn unig trwy ddarparu cartrefi ond hefyd drwy gyflogi llawer o bobol leol, a chefnogi busnesau lleol. Bûm ar y pwyllgor rheoli am 20 mlynedd cyn ymddeol. Bellach mae gan Cantref bron i 1500 o dai fforddiadwy o dan ei rheolaeth ac mae'n cyflogi oddeutu 70. Mae hefyd yn ychwanegu'n sylweddol at economi ardal go eang trwy dalu cyflogau teg, rhoi gwaith i grefftwyr lleol a defnyddio busnesau lleol i gyflenwi eu hanghenion.

Ail gyfnod yn Nhydrath

Tᴜᴀ 1990 ʀᴏᴇᴅᴅ iechyd fy mam yng nghyfraith yn gwaethygu a bu'n rhaid i Huldah a finnau symud lawr i Dydrath i ofalu amdani, gan fod ei chof yn pallu.

Fe wnaethon ni ymaelodi yng nghapel Bethlehem, oedd yn beth hollol naturiol gan fod Huldah wedi ei chodi yno, a ninnau wedi priodi yno. Cefais fy ethol yn ddiacon yn fuan wedi hynny, oedd yn fraint nad own yn ei disgwyl. Felly pan gefais fy enwebu yn is-lywydd Cymanfa Bedyddwyr Sir Benfro yn 1998, braint yn wir flwyddyn yn ddiweddarach, yn 1999, oedd traethu fy araith fel llywydd o bwlpud Bethlehem a chynnal y cyfarfod hanner blynyddol yn y Tabernacl, Trewyddel, oedd wedi fy enwebu yn y lle cyntaf. A'r cyfaill oes, Aneurin Thomas, Rhoswrdan, o'i haelioni arferol, yn talu am y cinio.

Braint arall oedd cael y Parch. Carl Williams yn ysgrifennydd y Gymanfa ac yntau wedi dechrau ei weinidogaeth yn y Tabernacl, Trewyddel, yn syth o'r coleg. Ar gais y golygydd dyma gynnwys yr araith draddodais o gadair y Gymanfa:

> Barchus Weinidogion, gynrychiolwyr a ffrindiau holl eglwysi Penfro a thu hwnt. Pan ddeuthum yn is-lywydd

yn y Felinganol, flwyddyn yn ôl, yr hyn oedd ar agenda'r
gynhadledd fel 'Eitem 12' oedd is-lywydd, Melfydd
George, a enwebwyd gan fwy na phedair eglwys.

Nis gwn faint mwy na phedair, na pha eglwysi yn
union, ond gwn mai Eglwys y Tabernacl, Trewyddel,
oedd y gyntaf. Mae'r ffaith mai Eglwys y Tabernacl
oedd y gyntaf i'm henwebu yn cyfrif pan y derbyniais,
oherwydd ar aelwyd gynnes y Tabernacl y derbyniais fy
magwraeth grefyddol ac ysbrydol, a hynny o dan ofal y
diweddar annwyl weinidog, y Parchedig Roger Jones – y
pregethwr melodaidd, y bardd, yr emynydd, fy nhad yn y
ffydd.

Yr oedd fy hen dad-cu, William George, yn un o
ddiaconiaid cyntaf y Tabernacl yn 1895 ac roedd yn dal
yn y sêt fawr pan own i'n blentyn. Hyd yn oed at ei farw
yn 1940, yn 90 oed.

Yr oedd fy nhad-cu, Tom George, hefyd yn ddiacon ac
yn athro ysgol Sul.

Yn yr afon fach yn Nhrewyddel y cafodd fy nhad
ei fedyddio, a hynny ar fore anarferol o oer pan fu'n
rhaid i'r brawd Ernie Bowen dorri'r rhew â gordd cyn y
bedyddio.

Yr oedd y fedyddfan bresennol yn ei lle erbyn i fi gael
fy medyddio gan y diweddar Barchedig Roger Jones. Ef
hefyd a'm cymhellodd i gymryd rhan gyhoeddus yn yr
oedfaon. Ac yn nes ymlaen, cefais innau hefyd fy ethol
yn ddiacon i ddilyn yn yr olyniaeth, a chael fy mharatoi
i'r arswydus swydd gan weinidog Bethlehem ar y pryd, y
diweddar Barchedig EJ Williams. Ef hefyd, yn 1961, a'n
priododd ni – Huldah a finne, yma ym Methlehem.

Y mae'r diolch, felly, am gael esgyn i Gadair Cymanfa
Bedyddwyr Penfro yn ddyledus i'r gweddill ffyddlon yn
Nhrewyddel. Ond y mae fy niolch yr un mor ddiffuant
i'r eglwys yma ym Methlehem. Oherwydd, cyn gynted

ag y clywodd Bethlehem am enwebiad y Tabernacl, y
maent yn cefnogi ac yn mynd yr ail filltir trwy wahodd y
Gymanfa yma. A hynny, er mai dim ond wyth mlynedd
sydd ers pan fu yma ddiwethaf.

Felly diolch o galon i'r eglwys hon am fod mor hael
wrth ddyn dŵad ac wrth y Gymanfa. Diolch hefyd
i'r eglwysi eraill a'm henwebodd. Am roi cyfle i un
annheilwng fel myfi i esgyn i gadair y Gymanfa. Bendith
arnoch.

Rwy'n siŵr y goddefwch air personol o ddiolch i
Huldah am y gefnogaeth a'r gofal yr wyf wedi eu derbyn
ar hyd y blynyddoedd. Oni bai am y llafur cariad caled
o'i heiddo yn magu pedwar o blant, a gwneud y gwaith
ar y tyddyn, ni allwn fod wedi mynd allan i weithio ar
ffermydd y fro, gwerthu, dilyn sioeau, na bod yn gropyn
ar y Sul yn ceisio llanw ambell i fwlch yn ôl y galw yn
eglwysi ardal go eang, a hynny am gyfnod o dros bedwar
deg a thair o flynyddoedd. Wrth edrych yn ôl yr wyf yn
sylweddoli cymaint yw fy nyled i gymaint o bobol. Ie,
dyledwr ydwyf.

Gan fod dyn yn fod cymdeithasol y mae dylanwadau
bore oes, a phererindod bywyd, yn ein gwneud ni, bob
un ohonom, yr hyn ŷm ni yn awr – er gwell neu er
gwaeth.

Sylweddolaf y cyfrifoldeb yr ydych wedi ei osod arnaf,
fel y dywedais yn y Felinganol: 'Efallai nad ydych wedi
bod yn ddoeth, ond yn sicr, yr ydych wedi bod yn ddewr.'

Un peth a addawaf ar ddechrau fy llywyddiaeth yw
y gwnaf bopeth o fewn fy ngallu i hyrwyddo Cymanfa
Penfro, pob eglwys unigol a berthyn iddi, a thrwy wneud
hynny, hyrwyddo buddiannau'r Deyrnas ac efengyl ein
harglwydd Iesu Grist.

Os caf symud ymlaen at fy nhestun er, cyfaddefaf fy
mod yn teimlo bob amser ei bod yn haws dewis testun

na chadw at y testun hwnnw. Hefyd, cyfaddefaf, nad wyf yn un da am saernïo pregeth neu araith. Mae'r ddawn honno yn ddawn arbennig. Mae meddwl am y doniau sydd wedi traethu o gadair Cymanfa Penfro yn y gorffennol, a hynny ar destunau amrywiol, yn gwneud i leygwr diaddysg fel fi, a adawodd yr ysgol cyn ei fod yn bedair ar ddeg oed, arswydo. Er hynny, rwyf am fentro ar destun sydd yn agos iawn at fy nghalon, a hefyd, gobeithio, yn berthnasol ar ddiwedd mileniwm fel yma. Fy nhestun fydd:

Gweinidogaeth yr holl saint.
Wrth feddwl yn nhermau gweinidogaeth yr holl saint carwn sôn yn gyntaf am gyfoeth y gorffennol, yn ail am her y presennol ac yn drydydd am sicrwydd y dyfodol.

Yn gyntaf felly, beth am gyfoeth y gorffennol?

Rhan o gyfoeth y gorffennol oedd gweinidogaeth lawn amser ddigonol. Y sefyllfa oedd, fod mwy o ymgeiswyr am y weinidogaeth nag oedd o alw amdanynt. Felly yr oedd mwy o ddewis a dethol. Dewis a dethol pwy oedd yn cael lle mewn coleg. Dewis a dethol ar ôl hynny pwy oedd yn cael galwad. Ac i gael galwad roedd yn rhaid bod dawn traethu a dawn dal cynulleidfa gennych.

Diolch fod gennym bregethwyr yng Nghymru o hyd sydd â'r ddawn yma. Ac y mae'n rhaid cyfaddef fy mod i, fel llawer yma heno rwy'n siŵr, yn diolch am y paratoi manwl ar gyfer y Sul sydd yn mynd ymlaen o wythnos i wythnos. Y mae'n wir am bwlpud Bethlehem – yr ydym yn cael neges ffresh o Sul i Sul.

Sôn yr oeddwn am gyfoeth y gorffennol. Y mae rhai ohonom heno (sy bellach yn hen bensiynwyr) yn cofio'r Pregethwyr Cyrdde Mawr, fel y'u gelwid. Rhai fel y Parchedigion Roger Jones, Jubilee Young, L. Young Haydn, y brodyr John a Jâms Thomas, a'r brenin o Fynachlog-ddu, R. Parry Roberts, ac amryw eraill tebyg.

Y tri y bu'n rhaid i fi bregethu pregeth brawf iddynt
oedd DJ Michael, ym Mlaenconin; L Young Haydn ym
Methabara ac R. Parry Roberts ym Mynachlog-ddu.
Rwy'n arswydo'n awr wrth feddwl fy mod wedi cael
esgyn i bwlpud capel Blaenwaun mewn oedfa arbennig
i agor y capel ar ôl ei adnewyddu. A chael cymryd at
y rhannau arweiniol cyn bod y Parch. Roger Jones yn
pregethu. A dawn arbennig y Parch. John Thomas i
gasglu yn cael ei dangos pan oedd y casgliad yn yr oedfa
yn clirio cost yr adnewyddu.

Dro arall, cael cymryd at y rhannau arweiniol yn y
cyrdde mawr ym Methabara. Y gweinidog, y Parchedig
Young Haydn, yn llywyddu a'r Parchedigion Wilfred
Ifans a Jubilee Young yn pregethu, pan oedd yna ddau
bregethwr mewn cyrdde blynyddol. Mae'n siŵr bod rhai
ohonoch chi sydd yma heno yn un o'r ddwy oedfa yna,
efallai yn y ddwy.

Rhaid cofio hefyd fod gan weinidogion y gorffennol
fantais dros heddiw yn yr ystyr fod ganddynt well
gwrandawyr. Gwrandawyr a oedd yn ffyddlon dair
gwaith ar y Sul. Rwy'n sôn am gyfnod pan oedd
gofalaeth yn cynnwys un neu ddwy eglwys yn unig. Os
mai un oedd, roedd y Gweinidog yn yr ysgol Sul. Os dwy,
roedd pregeth, ysgol Sul a chwrdd gweddi un Sul, ac
ysgol Sul a dwy oedfa bregeth Sul arall. Fel hyn roedd
hi yn y Tabernacl. Yn ogystal, roedd cwrdd gweddi a
chwrdd diwylliadol bob nos Iau. Cofiwch fy mod yn sôn
am eglwys na fu erioed â mwy na saith deg o aelodau.
Yn yr oedfaon yma yn yr wythnos roedd y plant a'r
ieuenctid yn cymryd rhan. Yno yr oeddem yn bwrw ein
prentisiaeth. Yno yr oeddem yn mentro ar ein gliniau yn
gyhoeddus am y tro cyntaf – yn fechgyn ac yn ferched.
Da y cofiaf am Aneurin Thomas a Ronni Rees, pileri'r
achos bellach, yn mynd ar eu gliniau, ac amryw eraill.

Dyna gyfoeth y gorffennol i mi, sydd yn dal i gyfoethogi yr eglwys heddiw.

Yn ail, beth am her y presennol?

Pwy a wad nad yw'r presennol yn her i bob un ohonom sydd yn caru achos yr Arglwydd Iesu? Yn her i bawb sydd am weld Ei eglwys yn llwyddo.

Yr ydym yn byw o dan amodau ac amgylchiadau tra gwahanol i'n cyndeidiau. Ystrydeb yw dweud bod y byd yn mynd yn fach. Rydyn ni nid yn unig yn gallu darllen, nid yn unig yn gallu clywed ar y radio, ond bellach, yn gallu gweld yr hyn sydd yn digwydd ar draws y byd wrth iddo ddigwydd. Gweld y trychinebau. Gweld y rhyfela. Gweld y difrod trwy stormydd fel yn Nicaragua a Honduras. Gweld y daeargrynfeydd. Gweld y tlodi mewn rhannau o'r byd. Gweld fel y mae dyn yn gallu ymddwyn mor annynol at ei gyd-ddyn. Mae hynny'n sicr yn cyfrannu at y drasiedi fod dau o bob tri yn mynd i gysgu'r nos a'u stumogau'n wag.

Sut ydych chi'n teimlo wrth weld plant bach yn marw o newyn wrth eu miloedd yn Ethiopia, yn Eritrea, yn Somalia, yn Sudan ac mewn llawer rhan arall o'n byd?

Yn y *Daily Express* ar y 3ydd o Fedi 1998 fe wnaeth y Cenhedloedd Unedig rybuddio fod poblogaeth y byd yn cynyddu 220,000 y dydd, neu 80 miliwn y flwyddyn. Erbyn y flwyddyn 2050 rhagwelir y bydd poblogaeth y byd yn naw biliwn. Y cwestiwn oedd yn cael ei ofyn oedd, 'Sut y mae'r ddaear yn mynd i gynhyrchu digon o fwyd i ddiwallu angen naw biliwn?'

Sut y mae'r awdurdodau yn mynd i roi cartrefi, rhoi to uwchben naw biliwn?

Yn y gorllewin cyfoethog, yn enwedig yn y clwb elitaidd a elwir y Gymuned Ewropeaidd yr ydym yn gorgynhyrchu; yr ydym yn gorfod torri'n ôl; y mae ein ffermwyr o dan orchymyn i gadw o fewn eu cwota neu i

gael eu cosbi, tra bod dwy ran o dair o'r byd yn newynu.
Rwyf wedi cyfaddef fy mod wedi gadael yr ysgol cyn
fy mod yn bedair ar ddeg oed. Rwy'n meddwl fy mod yn
hen ffasiwn yng ngolwg llawer. Ta waeth am hynny, mae
gen i ddarlun yn fy meddwl o'r Duw yr wyf i'n ymddiried
ynddo ar ddechrau amser (ac fel y ceir yn Llyfr Genesis)
yn creu'r byd, a phob bywyd sydd ynddo. Gan mai
tyddynnwr ydw i, peth naturiol i fi yw gweld y byd fel
fferm. Ac o, mae'n fferm grand!

Wyddoch chi, mae ei hadnoddau yn ddihysbydd. Y
mae'n ffasiynol i fod yn hunangynhaliol eto. Wyddoch
chi fod y byd greodd Duw yn hunangynhaliol? Roedd
y cynnyrch yn cwrdd â'r galw. Roedd y cynnyrch yn
ddigon i ddiwallu pob bywyd – yn ddyn ac anifail. Nid
wyf yn credu am eiliad fod y Duw yr wyf i'n ei addoli
wedi bwriadu i'r un plentyn farw o newyn. Pan fydd
y trychinebau yma'n digwydd yn ein byd ni y mae
rhai pobol yn barod iawn i ofyn i ni, 'Ble mae'ch Duw
chi nawr? Pam y mae E'n caniatáu i'r peth-a'r-peth
ddigwydd?'

Ac ydym ni'n barod i'w hateb, nad ar Dduw y mae'r
bai, ond ar ddyn?

Dyn sydd wedi, ac yn parhau i gamddefnyddio'r
adnoddau. Ga' i ddweud eto – pan greodd Duw y byd,
fe greodd ddigon ar gyfer pob angen. Ac rwy'n digwydd
credu ei bod yn rhan o 'her y presennol' – yn rhan
o weinidogaeth yr holl saint, ein bod yn mynd ati i
argyhoeddi'r gwleidyddion o'u dyletswydd i ddefnyddio
adnoddau cyfoethog y byd yma er lles dynolryw, ac nid
er ei ddinistr.

Y mae cymaint o'n hadnoddau ariannol yn cael
eu gwario ar arfau dieflig. Roeddwn yn arfer dweud
mewn rhyw bregeth fach oedd gen i ers talwm mai
dyna i gyd oedd ei eisiau i yrru'r byd yn wenfflam oedd

i un arweinydd gwallgo roi ei fys ar y botwm. Rwyf
wedi newid fy meddwl ar ôl damwain Chernobyl. Does
dim angen i neb wasgu'r botwm, bellach, dim ond i
ddamwain ddigwydd. Y mae digon o bŵer dinistriol o
waith dyn yn y cread i'w yrru yn wenfflam, ac y mae'r
'gwastraff niwclear', fel y'u gelwir, yn cynyddu, nid yn
lleihau, fel y mae'r blynyddoedd yn mynd yn eu blân.

Rhan o her y presennol i Gymanfa Penfro, yn fy marn
i, fydd sefyll ysgwydd yn ysgwydd, yn wir, arwain yr
ymgyrch yn erbyn storio gwastraff niwclear yn Nhrecŵn.
Neu yn wir, ar dir a daear Cymru.

Rhan arall o her y presennol i chi a finnau yw
cynyddu aelodaeth ein heglwysi. Y mae ystadegau y
blynyddoedd diwethaf yma wedi bod yn drychinebus.
Rhif yr aelodau'n lleihau. Bedyddiadau ar i lawr. Yr
ysgol Sul yn dirywio (yn wir, llawer i eglwys heb ysgol
Sul o gwbl, neu o leiaf, dim ysgol Sul oedolion) a dim
oedfa weddi. Yn wir, mae llawer o eglwysi bellach lle nad
oes ond un oedfa mewn wythnos gyfan. Ac y mae ambell
eglwys lle na cheir ond un oedfa y mis.

Rwy'n ofni, gyfeillion, pan fyddwn ni'n rhoi heibio
oedfaon arbennig yng nghalendr yr eglwys, ein bod yn
prysuro dydd ei thranc.

Fe gyfeirir weithiau at oedfa weddi fel 'llinell ffôn
i'r Nefoedd'. Yn y gorffennol roedd yn rhaid cael yr
operator i'n cysylltu – 'ringo'r *exchange*'. Bellach yr
ydym yn medru deialu'n syth. Drws nesa, y pentre nesa
neu ben draw'r byd. Gweddi yw eich cyfrwng chi a fi i
fynd yn syth at Dduw. Credaf fod yma her i ni heddiw i
ddefnyddio'r cyfrwng arbennig yma. Y mae'n drist bod
cymaint o ddeiliaid y sêt fawr ddim yn gyhoeddus.

Her arall i ni, os ydym am weld yr achos yn llwyddo,
greda i, yw bugeilio. Eto, pan oeddwn i'n tyfu fyny yn y
Tabernacl, os byddai un o'r ffyddloniaid ar goll ar y Sul,

fe allai ddisgwyl ymweliad ar y bore Llun gan yr Austin 7. Sut oedd yn medru fforddio'r petrol, nis gwn. Ond roedd bugeilio yn rhan o'r weinidogaeth. Credaf y bydd yn rhaid trafod cyn hir, a phenodi (efallai) rhai o'n plith i ymweld, ie, i fugeilio'r praidd eto.

Dim ond cyffwrdd yr hyn allai fod yn her y presennol i ni i gyd yw'r sylwadau gor-syml hyn. Ond meddyliwch y gwahaniaeth i'n heglwysi; i'r Gymanfa hon, pe derbyniech yr her bersonol hon gennyf heno. Rwy'n credu y gellid ei chyflawni pe bai pob un ohonom o ddifri. Pe bai pob un sydd yma heno yn penderfynu ceisio ychwanegu un aelod arall at ei eglwys. Dyna ddyblu nifer yr aelodau *at a stroke*.

Ac yn olaf, sicrwydd y dyfodol.

Ble mae dechrau gyda golwg ar sicrwydd y dyfodol? Gyfeillion, does dim drwy'r holl fyd yn fwy sicr na'r efengyl. Dim yn fwy sicr na chrefydd Iesu Grist. 'Sicrach na'r mynyddoedd yw ei eiriau Ef.'

Oes, mae yna amod, ond hyd y gwela i, dim ond un. 'Cred yn yr Arlgwydd Iesu Grist a chadwedig fyddi.' Does yna ddim 'os' nac 'oni bai', dim *if* na *but* dim ond 'Cred'. Ac os wyt ti'n credu ynddo Ef y mae Ef yn rhoi gwarant i ti, ac i minnau, o'r dyfodol 'a chadwedig fyddi'.

Yr ydym yn byw mewn oes sy'n ceisio cael *thrill*, cael gwefr ar bob llaw. Dim ond gwefr tymor byr yw'r rhain. Ond yn yr efengyl y mae yna wefr tymor hir. Mae yna ddiogelwch tymor hir. Mae yna sicrwydd tymor hir. A dydy'r sicrwydd tymor hir yma ddim yn costio dim i chi nac i finnau. 'Heb arian a heb werth.' Ond fe ddylem gofio bob amser ei bod wedi costio ei fywyd i'r Iesu. Do fe 'roes Ei ddwylo pur ar led. Fe wisgodd goron ddrain'. Fe yfodd y cwpan i'r gwaelod. Trwy ei aberth Ef y mae holl addewidion yr efengyl, holl sicrwydd yr efengyl, yn eiddo i chi ac i finnau.

Ein gwaith pennaf ni fel eglwysi Cymanfa Penfro ydyw cyflwyno'r Crist ddylai fod yn ganolbwynt pob pregeth. Yn uchafbwynt pob cenadwri. Cyflwyno dirgelwch Ei berson, gogoniant Ei berson, haeddiant Ei aberth, rhinwedd Ei waed, grym Ei ysbryd, a golud Ei ras. Onid dyna yw pregethu? Nid oes modd i chi na finnau i ddeall yr efengyl yn iawn heb ein bod ar delerau personol â Christ. Y mae'r efengyl yn arbennig am ei bod yn arbennig i ddyn, i bechadur. Nid oedd angen efengyl ar Adda ac Efa yn Eden cyn y cwymp. Nid oes angen efengyl ar saint perffaith y nefoedd. Darpariaeth arbennig ar gyfer pechadur yw'r efengyl, ac y mae ar gyfer pob pechadur. Nid yw'n gwahaniaethu rhwng Iddew a Groegwr; caeth a rhydd; Sais na Chymro. Y mae'n 'ymaflyd mewn dyn ar y llawr'. Y mae'n ei garu â chariad mor ddrud. Y mae'n ei gadw drwy aberth Calfaria.

Fe gafodd Ioan neges ar Ynys Patmos fod 'Teyrnasoedd y byd wedi mynd yn eiddo i'n Crist ni a'i deyrnas Ef'. Ac y bydd 'Crist yn teyrnasu yn oes oesoedd'. Dyma sicrwydd o'r dyfodol. Y mae eglwysi'r Gymanfa hon yn bod i dystio i'r sicrwydd yma, ac i ddwyn eraill i afael y sicrwydd yma. Mae'r Datguddiad yn dweud y dylem fod yn frwd, nid yn glaear, gyda'r gwaith. Gobeithio y bydd ein tystiolaeth ni yn frwd wrth gyhoeddi sicrwydd yr efengyl wrth fynd mewn i'r ganrif ac i'r mileniwm nesaf. Y mae yna berygl ein bod ni'n rhy barod i ostwng ein safon ni i safon y byd, pan y dylem fod yn gweithio i godi safon y byd i safon yr efengyl.

A ga' i, cyn tewi, gydnabod eto yr anrhydedd o gael bod yn llywydd Cymanfa Bedyddwyr Penfro ar ddiwedd un mileniwm, a dechrau mileniwm newydd. Credaf hefyd fod gennym le i ddiolch am ei bod yn cael ei chynnal drwy gyfrwng y Gymraeg, er i Ddeddf

Uno 1536 wneud yn glir mai un o'i hamcanion oedd gwneud i ffwrdd â'n heniaith wiw. Os oedd yna ddathlu diwedd y mileniwm cyntaf, fil o flynyddoedd yn ôl, fe wnaed hynny trwy gyfrwng y Gymraeg, yn y rhan fwyaf o'r ynysoedd hyn. Nid yn unig yng Nghymru ond yn rhannau o'r Alban a rhannau o Loegr hefyd. Ein cyfrifoldeb ni yw ceisio sicrhau y bydd yna addoli, a dathlu eto ymhen mil o flynyddoedd a hynny yn yr iaith Gymraeg.

A'r gair olaf. Fedra i ddim llai na chyfeirio at y Cynulliad. Fe fyddai'n llawer gwell gen i sôn am Senedd, ond o leiaf y mae Cynulliad yn gam i'r cyfeiriad iawn. Gobeithio y cawn ni weld cyn hir Senedd a'r gallu i lywodraethu holl fywyd y genedl annwyl hon. Fe garwn i ein gweld yn genedl rydd. Yn sicr yn genedl Grist-debyg. Yn genedl â'i ffydd yn gadarn, a'i sicrwydd yn ddiysgog. Ydy, y mae'r sicrwydd i'w weld yng ngeiriau Elfed:

Er newid gweithwyr Seion,
Heb ball o oes i oes,
Byth ni newidir Iesu,
Ni phalla grym Ei groes.

A'i eiriau Ef sydd yn cloi heno. Dyma sicrwydd digonol i bob un ohonom:
'Wele, yr wyf i gyda chwi bob amser hyd ddiwedd y byd.'
Ie, tragwyddol goncwest sydd yng Nghrist a'i groes. Diolch iddo, ac Amen.

Ond i ddod 'nôl at fy siwrne i. Rown i wedi ymddeol o Gyngor y Ferwig pan symudon ni lawr i Dydrath, felly pan ddaeth sedd wag ar Gyngor Tydrath dyma gael fy ethol a threulio dau dymor hapus iawn yn cydweithio â rhai cynghorwyr oedd wedi bod yn gwasanaethu eu cymuned am flynyddoedd lawer. Cynghorwyr fel y diweddar Essex Havard, tad y cyngor, oedd wedi bod ar y cyngor am hanner cant o flynyddoedd. Yn fawr ei barch, roedd yn hoff o gadw'n heini cyn bod hynny wedi dod yn ffasiynol. Fe fyddai'n rhedeg llawer ac yn nofio yn y môr haf a gaeaf. Roedd gan y teulu siop lwyddiannus ar y stryd fawr yn Nhydrath am flynyddoedd lawer. Yn wir, cofiaf fan Havard yn dod i ardal Trewyddel pan own yn blentyn.

Carwn nodi un neu ddau o bethau am fy nghyfnod ar Gyngor Tydrath – rhoi arwyddion Cymraeg ar rai o'r strydoedd; newid o gyngor cymuned i gyngor tref; prynu iard y cyngor sir yn y dre, ac yna, yn 1998, mewn cyfarfod cyhoeddus oedd wedi ei alw gan y cyngor, cael fy ethol yn gadeirydd Pwyllgor y Mileniwm a dechrau ar y paratoadau ar gyfer y dathlu.

Yn ystod y flwyddyn 2000 bu'r pwyllgor yn gyfrifol am gasglu cynnwys i'w gladdu mewn capsiwl amser ym mhen uchaf Stryd y Farchnad o dan garreg fawr wedi ei cherfio â'n logo i'r mileniwm. Gyda llaw, yn y capsiwl fe roddwyd amryw o bethau o bwys lleol ac amserol fel copi o *Y Llien Gwyn* (y papur bro lleol); y *Tivyside* (y papur newyddion lleol); Beibl; rhestr o etholwyr Tydrath ar y pryd; *Caneuon Ffydd*; cyfrifiannell ac yn y blaen. Y gobaith yw y bydd yn cael ei agor yn y flwyddyn 2100 ac yna'n cael ei ailosod gyda chreiriau'r cyfnod hwnnw.

Ymhlith digwyddiadau eraill dathlu troad y milflwydd cyflwynwyd *Storïau 2000 Cymru a'r Byd* a mygiau gyda logo'r cyngor ar un ochr a'r Ddraig Goch ar yr ochr arall i bob un o dan ddwy ar bymtheg oed yn y dre. Cynhaliwyd pedair oedfa arbennig yng nghapeli'r dre yn ystod y flwyddyn: Oedfa'r Dathlu, y Sul cyntaf o'r flwyddyn; Oedfa Cymorth Cristnogol ym mis Mai; Oedfa Ddiolchgarwch ym mis Hydref ac Oedfa Nadolig ddiwedd y flwyddyn.

Gweithgaredd pwysig arall oedd agor Llwybr y Mileniwm o amgylch y dre, gan ddod yn ôl â hen lwybrau oedd wedi'u cau i'w defnyddio gan y cenedlaethau a ddaw. Cafwyd grantiau ar gyfer y gwaith hwn hefyd. I goroni'r holl ddigwyddiadau, cafwyd *Llyfr y Mileniwm* – cyfrol 450 o ddudalennau, clawr caled, a chofnod pwysig o Dydrath yn y flwyddyn 2000. Cafwyd grant o £617 gan Gronfa'r Loteri i'w gyhoeddi ac aeth llond bws o athrawon a phlant yr ysgol ac aelodau'r pwyllgor i'r Llyfrgell Genedlaethol yn Aberystwyth lle cefais y fraint o gyflwyno copi. Mae copi hefyd yn y llyfrgell yn Nhydrath, un gan y cyngor tref ac un gan ysgol Bro Ingli.

Wrth edrych 'nôl, er bod llawer o ddigwyddiadau wedi bod yn ystod y flwyddyn credaf mai'r tri mwyaf pwysig oedd y capsiwl, a fydd yn cael ei agor gan bwy bynnag fydd yma ymhen can mlynedd; y llwybrau, sydd yn cael eu cerdded gan drigolion yr ardal a chan ymwelwyr i'r ardal; a'r llyfr, sydd nid yn unig yn rhoi darlun o Dydrath yn y flwyddyn 2000, ond hefyd hanes rhai o'r tai a'u perchnogion o'r ganrif flaenorol. Mae gen i bwt o gyflwyniad fel cadeirydd ynddo hefyd.

Soniais yn gynharach am fynd, pan own yn blant, ar daith flynyddol yr ysgol Sul â chart a cheffyl i Draeth Mawr, Tydrath. Bellach mae amryw o gapeli yn trefnu trip blynyddol i wahanol rannau o Gymru. Ers rhai blynyddoedd bûm yn cael gwahoddiad i fynd gydag eglwysi cylch Blaenffos ar eu taith nhw. Y flwyddyn gyntaf aethom i Soar-y-Mynydd, flwyddyn arall i ymweld â'r Ysgwrn a chynnal oedfa yn Nhrawsfynydd. Dro arall i Ddolwar Fach a blwyddyn arall i Lancaiach Fawr – pob un yn lle hanesyddol a chrefyddol o bwys i ni fel cenedl, a ninnau'n cynnal oedfa ar bob un daith.

Ond er yr awgrym gan Mrs Lon Lewis yn ei phenillion y soniais amdanynt yn gynharach fy mod yn hysbysebu hadau Hunters, nid wyf erioed wedi sôn am y cwmnïoedd rwyf yn eu cynrychioli mewn pregeth, ar wahân i un tro. Sain Ffagan oedd cyrchfan y flwyddyn honno ac roedd oedfa wedi ei threfnu yng nghapel bach hynafol Penrhiw ar y safle. Roedd amryw o'r aelodau yn cymryd rhan a chefais gais gan Emrys Thomas, Dolaunewydd, oedd wedi trefnu'r daith, i bregethu.

A dyma fi'n meddwl am y cwmnïoedd rown i'n eu cynrychioli. Y cyntaf, Hadau Hunters, wedi ei sefydlu yn 1883 gan James Hunter, bellach yn cael ei redeg gan ddau frawd, y drydedd genhedlaeth ac sy'n gwmni cyfyngedig.

Yr ail gwmni yw Glenside. Nander Robertson sefydlodd hwn yn 1982 ond bellach mae'n cael ei redeg gan ei fab, Ian. Cwmni cyfyngedig eto.

Y trydydd cwmni yw Osmonds a sefydlwyd yn 1854, cwmni sy'n arbenigo ym maes maethiant a moddionach anifeiliaid. Mae'n cael ei redeg gan ddwy chwaer. Eto, cwmni cyfyngedig.

Ond mae un cwmni arall y mae'n fraint ac yn anrhydedd i mi gael ei gynrychioli ers trigain mlynedd bellach. Y cwmni hynaf yn y byd. Cwmni sydd â thri chyfarwyddwr arno: y Tad, y Mab a'r Ysbryd Glân.

Cwmni nad yw'n gyfyngedig ond sydd ag anchwiliadwy olud yn eiddo iddo.

A dyna'r unig dro i mi sôn o bwlpud am y cwmnïoedd rwyf yn eu cynrychioli.

'Nôl yng Ngheredigion

AR DDECHRAU 2001, a mam Huldah wedi marw yn 93 oed, dyma benderfynu gwerthu Llety, ein cartref yn Nhydrath, a symud yn ôl i Aberteifi. Dyma ni'n prynu Maesmieri ar Heol Caemorgan a symud i mewn ddiwedd Chwefror. Roedd yn rhaid gwneud penderfyniadau anodd o ganlyniad i'r symud, fel ymddiswyddo o'r Cyngor ac o Fethlehem hefyd. Doedd yr un o'r ddau'n benderfyniad hawdd gan fy mod wrth fy modd yn perthyn i bob un ohonynt. Ond mae bywyd yn symud yn ei flaen ac yn 2003 dyma gael fy ethol ar Gyngor Tref Aberteifi a dechrau ar gyfnod newydd eto yn fy hanes.

Roedd Menna, y ferch ifancaf, wedi bod mas yn y Wladfa yn dysgu am bymtheg mis ar droad y ganrif, a phan benderfynodd fynd 'nôl am dro yn 2005 dyma fynd gyda'n gilydd; hedfan ar y 25ain o fis Mawrth o Heathrow i Milan ac yna i Buenos Aires; taith awyren awr a hanner arall wedyn i lawr i dde'r Ariannin; a glanio yn Nhrelew ac yn syth i'r Gaiman lle roedd Menna'n arfer byw. Roedd te croeso yn ein haros yng nghapel Bethel, wedi ei drefnu ar gyfer Côr Merched Gwaelod y Garth a ninnau. Roedd y côr yn cymryd rhan yn eu cwrdd diolchgarwch am y cynhaeaf. Clywais lais cyfarwydd Mary Tanyreglwys yn galw ar draws y neuadd: 'Melfydd, beth wyt ti'n neud 'ma?'!

Drannoeth, aethom i'r oedfa ym Methel, a Mair Davies, y diweddar bellach, oedd yn hanu o ardal Llandysul yn pregethu. Roedd hi wedi treulio blynyddoedd lawer yn gwasanaethu eglwysi Cymraeg y Wladfa. Roedd yn fawr ei pharch ac yn cadw siop lyfrau Cristnogol yn Nhrelew.

Rown i wedi mynd â tharian Cyngor Tref Aberteifi i'w chyflwyno i Gyngor Gaiman. Does dim llawer yn digwydd yn y Gaiman nad yw Luned González yn chwarae ryw ran ynddo ac felly y bu y noson honno hefyd. Hi fu'n fy nghyflwyno ac yn cyfieithu, a chefais dâp o hanes y Gaiman gan gadeirydd y cyngor. Arno mae hanes sut yr aethpwyd ati i rannu'r tir tua chan erw i bob pen teulu adeg yr ymsefydlu. Gyda llaw, mae'r ddogfen bwysig yma yn ddwyieithog, Cymraeg a Sbaeneg.

Roedd gan Luned chwaer, Tegai, oedd yr un mor bwysig ym mywyd y Gaiman. Hi oedd yn gyfrifol am yr amgueddfa leol ac roedd ganddi raglen Gymraeg ar y radio lleol a cholofn yn y papur lleol. Bu Tegai'n garedig iawn yn ein cludo o gwmpas am wythnos gyfan, yn ymweld â gwahanol ardaloedd o Ddyffryn Camwy – Tir Halen, Lle Cul, Treorci, Dolavon, Bryn Gwyn, Drofa Dulog a Bryn Crwn, ac amryw o ffermydd hefyd.

Un arall a fu'n gymwynasgar i ni oedd Delma Williams, Brynteg, Gaiman. Aeth â ni ar drywydd amaethyddol o gwmpas y Gaiman gan ymweld â'r coleg amaethyddol a hefyd i'w fferm deuluol, Coetmor.

Roedd yn rhaid ymweld â'r ysgolion lle roedd Menna

wedi bod yn dysgu, gan gyflwyno llyfrau a deunyddiau iddynt o Gymru. Profiad nas anghofiaf oedd ymweld â dosbarthiadau Cymraeg Dolavon yn Ysgol William C. Morris. Cawsom groeso twymgalon a phaned gyda dosbarth o bensiynwyr oedd yn gloywi eu Cymraeg. Hwb i'r galon yn wir.

Yna, croesi'r paith, oedd yn daith o ryw wyth awr mewn bws, a chroeso yn ein haros ar aelwyd Rini Griffiths yn Esquel wedi i ni gyrraedd. Derbyniom yr un caredigrwydd yma eto a chael ein cludo o gwmpas gan wahanol bobol. Buom yn ymweld â Trevelin, ac ydy mae'r felin yn dal i falu o dan ddwylo medrus Mervyn Evans. Mae'n cael ei throi gan rod ddŵr ac mae'r Ddraig Goch yn dal i gyhwfan yno o hyd.

Treulio diwrnod arall wedyn yn mynd ar y trên bach stêm – La Trochita – i ben y mynydd mawr yn Nahuel Pan, a chael profi croeso a diwylliant y llwyth brodorol sydd yn byw yno. Ar ddiwrnod arall buom yn ymweld â fferm Charlie a Margarita Green. Roedd Charlie'n ddisgynnydd o'r Green oedd wedi mynd draw ar y *Mimosa* yn 1865. Fe fu Charlie 'nôl yn Nhregaron am gyfnod yn cael ei ysgolia... dyna pa mor bwysig oedd y Gymraeg i'r teulu.

Roedd y teulu wedi trefnu mynd â ni mas am ddiwrnod cyfan i weld y wlad gyfagos yng nghanol mynyddoedd yr Andes. Teithiom drwy bentrefi a threfi mawr a bach; mynyddoedd a llynnoedd hynod o brydferth; gyrru ar hyd y ffin â Chile ac aros i weld y fferm lle bu Butch Cassidy, Sundance Kid a'i wraig, Eta Place, yn treulio llawer o'u hamser. Yn ogystal â hyn, aethom i Camp Benetton. Roedd y brodyr Benetton yn berchen miloedd o erwau ac yr oedd eu ffermydd yn bentrefi mewn gwirionedd, yn cynnwys siopau ac eglwys ac ysgol. Roeddynt wedi gwneud eu ffortiwn, mae'n debyg, ym myd ffasiwn ac ar un adeg roeddynt yn enwog yn myd ceir rasio Fformiwla 1.

Daeth ein hymweliad â'r Wladfa i ben yn llawer rhy gyflym. Hedfan adre oedd raid, yn ôl i Buenos Aires, ac aros yno am ddau ddiwrnod i weld rhai o ryfeddodau'r ddinas, fel senedd-dŷ'r wlad a chaffi tango byd-enwog Tortoni. Ac yna'n ôl drwy Rufain y tro yma i Heathrow, a'r cyfaill John Adams Lewis yn disgwyl amdanom i'n cludo yn ôl i ailgydio yn y gwaith.

Roedd yn amser prysur hefyd yn hanes Aberteifi yn 2005 pan oedd brwydr yr ysbyty yn dechrau. Cafodd petisiwn ei gychwyn yn erbyn ei leoli yn y Bath House, ond er cael cynnig saith erw o dir yn rhad ac am ddim gan Richard a'r Cynghorydd Siân Williams, Aelybryn, colli'r frwydr yna fu ein hanes. Mae nawr yn 2016 ac rydym yn dal i ddisgwyl am ysbyty newydd.

Brwydr arall oedd honno yn erbyn penderfyniad y Cyngor Sir i roi bwyd wedi ei rewi i'r henoed bregus drwy'r sir, nid yn unig yn nhre Aberteifi. Y bwriad oedd dosbarthu'r prydau yma unwaith bob pythefnos gan gwmni o Wiltshire. Ond os cofiaf yn iawn, pan ofynnwyd i'r bobol oedd i'w dderbyn, dim ond 23 drwy'r sir oedd yn fodlon! Fe fyddai'n ddiddorol cael gwybod faint gostiodd y cynllun gwallgof yna i drethdalwyr Ceredigion. Trech gwlad nag arglwydd fu hi yn hanes y seigiau rhewllyd.

Brwydr chwerw arall y bu'n rhaid ei hymladd oedd y bwriad gan gwmni teledu Sianel 4 Lloegr i roi 129 o fylbiau yn glwstwr ar afon Teifi – cynllun am flwyddyn fyddai'n costio miloedd lawer ac yna'n cael ei symud i rywle arall. Eto fe gaed petisiwn o tua 3,500 yn erbyn y syniad.

Ond un peth da ddaeth ohono oedd cael llawer o gyhoeddusrwydd i'r dre. A ninnau'n paratoi i ddathlu 900 mlwyddiant y dref yn 2010 doedd hynny ddim yn beth drwg, ond mae'n biti na fyddid wedi gallu cael yr arian yna i wneud rhywbeth parhaol, fel yr awgrymais ar y pryd – codi cofgolofn i'r Arglwydd Rhys. Casglodd yr Arglwydd Rhys y beirdd a'r llenorion at ei gilydd yn y castell yn 1176 i gynnal eisteddfod – y genedlaethol gyntaf, yn sicr. Neu, o gofio mai Aberteifi oedd un o'r porthladdoedd pwysicaf yng Nghymru ar un adeg, fe ellid bod wedi ail-greu llong oedd wedi ei hadeiladu yma. Fe fyddai rhywbeth felly wedi bod yn barhaol ac, yn fy marn i, yn fodd i dynnu llawer o ymwelwyr i'r dre.

Yn 2006 rown i wedi cael fy ethol yn ddirprwy faer Aberteifi, ac felly yn gorfod dechrau paratoi ar gyfer y flwyddyn brysur oedd yn fy aros. Roedd Aberteifi wedi ei gefeillio gyda Trevelin yn yr Andes ac ym mis Mawrth fe ddaeth dirprwy faer Trevelin draw i aros ac fe gafwyd noson arbennig i'w groesawu yn neuadd y dre.

Drannoeth, dyma fynd ar daith mewn bws mini mor bell â Thyddewi a'r Cyng. John Adams Lewis wrth y llyw. Aros am baned ym Methel, Mynachlog-ddu, lle roedd y ddarpariaeth yn dra hael, fel arfer. Cafwyd sosial yn festri Capel Mair ar yr un noson, a'r gynulleidfa yn cael ei gwefreiddio gan ganu emosiynol dirprwy faer Trevelin, Roberto Williams. Noson i'w chofio!

Yr wythfed o Fai, 2007, oedd dyddiad dod yn faer tre Aberteifi, oedd yn anrhydedd nid bychan i dyddynnwr oedd wedi gadael yr ysgol cyn ei fod yn bedair ar ddeg oed. Ond oherwydd cyflwr ei hiechyd, fedrai Huldah ddim bod yn faeres. Er mwyn peidio gwahaniaethu rhwng ein tair merch, y penderfyniad oedd cael ein merch yng nghyfraith, Genna, yn faeres ac fe wnaeth waith rhagorol, yn fy marn i.

Roedd hanes y digwyddiad yn y Teifi Seid yr wythnos ganlynol yn llawnach na'r arfer, greda i. Hwnnw hefyd oedd rhifyn olaf y golygydd, Mr Aneurin Evans, cyn iddo ymddeol. Roedd y Parchedig Irfon C. Roberts wedi bodloni ar fod yn gaplan y maer am y flwyddyn felly fe gafwyd yr oedfa ddinesig ym Methania, er fy mod yn aelod ym Mhenparc. Cefais rodd werthfawr gan yr eglwys o *Gydymaith Caneuon Ffydd* i nodi'r achlysur. Dyma'r ail waith iddo wneud cymwynas o'r fath â fi oherwydd fe oedd y pregethwr gwadd pan own i'n llywydd Cymanfa Bedyddwyr Penfro hefyd.

Does dim angen dweud bod y flwyddyn wedi bod yn un brysur. Roedd y dyddiadur yn llawn, fel yn hanes pob maer. Cefais wahoddiadau i gyfarfodydd sefydlu meiri trefi cyfagos, ciniawau amryw o gymdeithasau, a chadeirio cyfarfodydd y cyngor a'r pwyllgor fyddai'n trefnu dathlu 900 mlwyddiant tre Aberteifi yn 2010. Yn ogystal, gan fod y clerc yn byw yn ardal Ceinewydd, byddwn yn mynd yn rheolaidd i'r swyddfa i weld a oedd angen delio ag ambell lythyr ar frys. Yna, bob dydd Gwener, fel arfer, byddwn yn cwrdd â'r clerc i fynd trwy waith papur y cyngor.

Yn ystod y flwyddyn cefais ymweld â thri o drigolion y dre wrth iddynt gyrraedd eu cant oed. Roedd hefyd gyfweliadau mynych gyda gohebwyr y BBC, Radio Cymru, S4C a'r papurau lleol am wahanol resymau. Un rheswm oedd y gwrthwynebiad lleol i ddatblygiad y

Bath House – yn enwedig y cynllun i adeiladu yr ysbyty newydd yno y soniais amdano'n gynharach.

Gorchwyl arall sydd yn mynd â llawer o amser maer ydyw casglu gwobrau ar gyfer enillwyr cystadleuaeth 'Tref yn ei Blodau' sydd yn cael ei chynnal yn flynyddol yn Aberteifi. Ond gorchwyl llawer mwy pleserus oedd cael agor yn swyddogol Gŵyl Fawr Aberteifi a sylweddoli faint o waith gwirfoddol sydd ei angen i'w gwneud yn ŵyl mor llwyddiannus.

Ar ôl gwariant o tua phum miliwn o bunnoedd cefais y fraint o gymryd rhan yn agoriad y cei ar ei newydd wedd a hefyd mewn gŵyl ganoloesol yn y castell. Yr wythnos ddilynol roedd y sioe amaethyddol flynyddol, a dyma'r sioe undydd orau drwy Gymru gyfan, yn fy nhyb i. Mae ei lleoliad yn edrych i lawr ar y dref a'r afon yn ychwanegu at bleser yr ymwelydd.

Gŵyl arall sydd yn tyfu o flwyddyn i flwyddyn yw'r Ŵyl Afon a Bwyd ac roedd agor hon eto yn orchwyl pleserus. Yna roedd angen gwneud y trefniadau ar gyfer trip blynyddol henoed y dre. Penderfynu mynd lawr i Hwlffordd wnaethon ni ac yna'n ôl i Gaffi Beca am ginio ar y ffordd adre, a dau o fysus y Brodyr Richards yn llawn o bobol wedi eu plesio mas draw!

Digwyddiad arbennig yn hanes y dre oedd cael croesawu cynhadledd flynyddol y Gymdeithas Treftadaeth Brydeinig. Yn 2005 fe'i cynhaliwyd yn Stormont ac yn 2006 yng Nghaeredin. Yn ôl y drefn, fe ddylai fod wedi mynd i Gaerdydd yn 2007 ond oherwydd y gwaith cadwriaethol da oedd wedi bod yn Aberteifi, y posibiliadau ar gyfer y castell a'r ffaith ein bod yn paratoi i ddathlu 900 mlwyddiant y dre yn 2010, fe gawsom gynnig ei gwahodd i Aberteifi. Cefais innau estyn y croeso swyddogol ar ran y cyngor a'r dre. Mewn llythyr a dderbyniais oddi wrth lywydd y gymdeithas yn diolch am y trefniadau a'r croeso, roedd yn ein hannog i barhau â'r gwaith da.

Ar ôl nifer o ddamweiniau – un yn angheuol – bu mynediad i'r dre o gyfeiriad y gogledd yn ymyl Tesco ar gau, a bu brwydr i geisio ei ailagor. Ymddangosais ar raglenni radio a theledu droeon. Cafwyd hyd yn oed gyfarfod yn y Senedd yng Nghaerdydd gyda'r gweinidog oedd yn gyfrifol ar y pryd – Ieuan Wyn Jones – a chael cefnogaeth ein haelod gweithgar ni yn y Senedd, Elin Jones. Fe fu'n frwydr go galed ond bellach mae wedi ei ailagor ac mae'r drefn yn gweithio'n arbennig o dda.

Roedd pwyllgor gefeillio Aberteifi/Trevelin wedi bod yn trefnu i ymweld â Phatagonia ers peth amser er mwyn cryfhau'r berthynas rhwng Aberteifi a'n gefeilldref. Dyma felly gychwyn unwaith eto am y wlad bell ar yr 20fed o Hydref 2007. Roedd y trefniadau y tro yma yng ngofal y Parch. Eirian Wyn Lewis, llywydd Cymdeithas Cymru-Ariannin a chadeirydd y pwyllgor gefeillio lleol.

Aethom mewn bws mini i Heathrow, yna hedfan yn syth i São Paolo, Brasil, ac yna mlân i Buenos Aires, prifddinas yr Ariannin – dinas â dwywaith poblogaeth Cymru gyfan ond yn dalaith o bymtheg miliwn o eneidiau! Croesi wedyn o'r maes awyr rhyngwladol ar draws y ddinas enfawr hon ar hyd nid ffordd ddeuol ond heol pedair lôn ar ddeg – saith un ffordd a saith y ffordd arall – i faes awyr Aeroparque, canolfan hediadau mewnol y wlad. Hedfan oddi yno wedyn i lawr i Bariloche yn nhalaith Chubut yn y de, a bws wedyn i dref Esquel yng nghanol yr Andes. Cawsom groeso mawr am yr eildro ar aelwyd gynnes Rini Griffiths, ar fferm La Chacra.

Ar y 24ain o Hydref dyma ni'n cael mynd ar daith i weld llawer o atyniadau naturiol yr Andes, a mynd mewn bws drwy Barc Cenedlaethol Los Alerces lle gwelsom goeden gydnabyddedig hyna'r byd. Yno hefyd gwelais fambŵ yn tyfu'n naturiol.

Pan deithiais i Batagonia yn 2005 mentrais ar drên stêm La Trochita o Esquel i ben mynydd Nahuel Pan. Y tro yma cefais deithio ar gwch ar lyn Mendez. Rhewlif Torrecillas oedd pen draw ein taith dros y dŵr a theithio yn go agos at y rhewlif a rhyfeddu at glirder ei liw gwyn-las. Wrth i ni fwyta ein cinio ar fwrdd y cwch, roeddem yn rhyfeddu at ba mor lân oedd dŵr y llyn – roeddem yn gweld y cerigos ar ei gwely!

Y noson honno cafwyd croeso twymgalon gan Gymuned Gymraeg yr Andes yn y Ganolfan a chael gwledd Batagonaidd yn eu cwmni. Yno, cyflwynwyd cyllell dorri cig i fi fel maer Aberteifi (fel y defnyddir ganddynt yn eu prydau *asado* traddodiadol – cig wedi ei rostio ar y corpws ar dân agored fel rheol). Dyma beth oedd profiad arbennig, unigryw i mi ac roedd y cwmni brwdfrydig yn barod iawn i rannu hanesion gyda ni yn eu hacenion Patagonaidd hudolus.

Ar y 25ain aethpwyd ar daith fer i Drevelin er mwyn cael cyfarfod ag arweinwyr y cyngor a chwblhau'r broses gefeillio rhwng y ddwy dre. Roedd yn fraint cael gwisgo cadwyn maer tre Aberteifi i'r holl achlysuron swyddogol.

Cafwyd croeso swyddogol gan faer Trevelin – Carlos Mantegna, a'i ddirprwy, Alberto Williams. Yna, mewn diwrnod llawn o weithgareddau cawsom ymweld ag amgueddfa Gymraeg Trevelin lle roedd llawer o greiriau o ddyddiau cynnar y gwladfawyr; mynd i'r capel Cymraeg ar gyrion y dre a'r tŷ capel lle cynhelir gwersi Cymraeg gan diwtoriaid o Gymru a rhai lleol.

Wedi ciniawa yn Club Fontana, Trevelin, cawsom ymweld â gweithfeydd hydro-electrig Amutui Quimey. Roedd hwnnw'n waith enfawr – argae anferth wedi ei adeiladu ar draws dyffryn cyfan. Tipyn o ryfeddod oedd mawredd a rhyferthwy'r gwaith. Yma hefyd cefais weld condor urddasol yn gleidio i fyny ac i lawr ar adenydd y gwynt yn yr awyr uwchben.

Y noson honno aethom i gartre Arturo Lowndes a'i wraig ar fferm geirios enfawr yng nghysgod yr Andes. Unwaith eto cafwyd gwledd o fwyd a diddanwch yng nghwmni Arturo, ei briod, a Jeremy Wood, a fu'n ein tywys drwy'r dydd.

Mae'r enwau Cymraeg a roddwyd ar wahanol rannau o'r Wladfa yn ddiddorol, yn hudolus ac yn grand iawn hefyd. Enwyd y llefydd gan y gwladfawyr cyntaf hynny a deithiodd ar y *Mimosa* a glanio yn y Bae Newydd mewn man a enwyd ganddynt yn Porth Madryn yn 1865. O dipyn i beth, dyma nhw'n mentro i fyny'r dyffryn a rhai yn aros ar lecyn sydd, erbyn hyn, yn adnabyddus fel Trelew, sef tre Lewis Jones, un o brif drefnwyr yr ymfudo i'r Wladfa. O'r fan honno dyma nhw'n dilyn llwybr yr afon a fedyddiwyd yn afon Camwy, ac am yn ôl tuag at ei tharddiad. Ychydig i fyny eto lleolir pentre'r Gaiman lle cefais annerch y cyngor ar fy ymweliad cyntaf yn 2005. Erbyn hyn mae gan y Gaiman faer sydd yn rhugl yn y Gymraeg, Gabriel Restucha.

Enw brodorol ydy 'gaiman'. Ei ystyr, mae'n debyg, ydyw 'carreg wen'. O barhau'r daith i fyny Dyffryn

Camwy, ceir pentrefi Bryngwyn, Lle Cul, Drofa Dulog, Bryncrwn, Treorci, Tirhalen a Dolavon. Yn ardal Treorci ceir Llain Las, fferm Nel Fach y Bwcs ddaeth yn ôl i Drefach Felindre yn y diwedd. Dolavon yw'r pentre olaf ar y brif heol cyn ffarwelio â Dyffryn Camwy a chroesi'r paith am yr Andes, Esquel a Chwm Hyfryd.

Ac ar y bws wrth groesi'r paith cefais lond bol o ofon. Rown i wedi mynd â chadwyn y maer, gyda chaniatád y Cyngor, ac oherwydd ei gwerth – bron hanner can mil o bunnoedd – nid oeddwn yn ei gadael o'm golwg am eiliad. Ble bynnag rown i'n mynd fe fyddai'r bag plastig yn fy llaw, ond ar y bws wrth groesi'r paith dyma roi'r cwdyn hollbwysig i lawr wrth fy nhraed. Mae croesi'r paith yn cymryd oriau lawer, a falle 'mod i wedi cael siesta fach, ond pan estynnais fy llaw i ymaflyd yn y bag doedd e ddim yno! Fu erio'd y fath banic! Roedd y gadwyn ddrudfawr wedi diflannu. Ond, yr hyn oedd wedi digwydd, diolch byth, oedd ei bod wedi llithro'n ôl o dan y sedd nesaf. Cefais dipyn o dynnu coes weddill y daith, galla i fentro dweud!

Galwom yn Nyffryn y Merthyron ar ganol y paith, lle mae cofeb i John Daniel Evans a ddihangodd rhag y brodorion ar gefn ei geffyl enwog Malacara (sef 'wyneb salw' yn Sbaeneg) i lawr clogwyn go serth pan oedden nhw'n ceisio ei ladd. Ac mae cofeb i Malacara hefyd yn Nhrefelin, yn ymyl bwthyn traddodiadol Gymreig a'r ffynnon neu'r winsh o flaen y tŷ a bwced a tsiaen i godi'r dŵr, fel oedd yn arferol yng Nghymru. Yn wir, dyna sut oedd Blaenpant yn cael dŵr i ddyn ac anifail pan own i yno.

Ar ôl cyrraedd Cwm Hyfryd gwelsom fynydd Gorsedd y Cwmwl a rhoi tro i Nant y Pysgod. On'd yw'r enwau Cymraeg yma'n hudolus? Ac wrth gwrs Trevelin, gefeilldref Aberteifi, yn yr Andes.

Ar ôl y croeso anhygoel, yr areithio, y gwledda a'r teithiau dyddiol, dyma ffarwelio â'r Andes a chroesi'r paith unwaith eto. Mynd i Drelew oedd y bwriad yn bennaf y tro yma, er mwyn cael ymweld â'r eisteddfod flynyddol sydd yn ddolen gref rhyngom ni yma yng Nghymru a'r Wladfa. Roedd y cystadlu'n frwd, yn ddwyieithog (yn Gymraeg a Sbaeneg wrth gwrs), y lle'n orlawn a'r cystadlu'n mynd mlân hyd berfeddion y nos. Un o'r pethau cofiadwy am yr eisteddfod oedd nid yn unig gweld cystadlaethau dawnsio gwerin Cymreig, ond hefyd cystadlaethau dawnsio tango. Feddylies i ddim y baswn i'n gweld y fath gystadleuaeth mewn eisteddfod erio'd!

Cawsom ddau ddiwrnod yn Buenos Aires ac yna cyrraedd yn ôl i Gymru ar y seithfed o Dachwedd ac ailgydio yn fy nyletswyddau fel maer yn syth:

Yr wythfed: ymweld â'r ffair gyda Chlwb y Gateway, sydd yn cefnogi pobol gydag anabledd dysgu.

Y nawfed: Oedfa Ddiolchgarwch eglwys Felin Newydd am y cynhaeaf, ac am fywyd y brawd Teifryn Harris, oedd wedi troi'r felin yn gapel a dechrau'r Achos yno;

Y degfed: agor Ffair Aberteifi;

Yr unfed ar ddeg: cymryd rhan yn Oedfa'r Cofio wrth y senotaff.

Rwy'n nodi hyn er mwyn dangos cymaint o alw sydd ar y maer, pwy bynnag ydyw, yn ystod ei flwyddyn yn y swydd. Ond ar hyd fy mlwyddyn fel maer Aberteifi rown i hefyd yn dal ati, orau fedrwn i, gyda fy ngwaith.

Mae'n rhaid i fi ddweud fy mod wedi cael teithio tipyn, nid yn unig yn rhinwedd fy swydd fel maer

Aberteifi ond hefyd wrth werthu. Un flwyddyn, enillais benwythnos yn Aviemore yn yr Alban. Flwyddyn arall, penwythnos yn Llundain. Ac eto un arall yn Nulyn, ac er fy mod yn llwyr ymwrthodwr, cael ymweld â bragdy enwog Guinness yno, ac ymweld â Bridfa Genedlaethol Iwerddon, sydd yn eiddo i'r wladwriaeth. Dro arall eto, penwythnos ym Mharis, lle cefais ddringo Tŵr Eiffel, a chael ymweld â rhai o eglwysi enwog y ddinas hardd honno. Un diwrnod cawsom ein cludo mewn bws i dre Champagne ac ymweld â'r gwinllannoedd, a gweld sut roedd y ddiod ddrudfawr yn cael ei chynhyrchu. Roedd yn cael ei chadw mewn twnnel tanddaearol am rai blynyddoedd. Cawsom ein cludo ar drên bychan drwy'r twnnel hwnnw, oedd yn ddeuddeg milltir o hyd, i weld y poteli shampên yn ystod gwahanol gamau o'u storio cyn eu bod yn barod i gael eu hyfed.

Os cofiaf yn iawn, rwy'n credu taw yn 1905 roedd sioe fawr ym Mharis, a chystadleueth i greu rhywbeth arbennig i ddathlu'r achlysur. Wel, fe aeth tre Champagne ati i adeiladu casgen enfawr ac yna ei thynnu bob cam i Baris gan dri deg chwech o ŷch. Roedd yn gymaint o faint fel y bu'n rhaid dymchwel dau dŷ ar y ffordd er mwyn gwneud lle iddi. Tŵr Eiffel enillodd y gystadleuaeth, a'r gasgen enfawr ar olwynion yn gorfod bodloni ar gael yr ail wobr.

Rwy'n hoff iawn o'r Alban ac Iwerddon hefyd. Ond, i fi, Cymru yw'r wlad orau yn y byd, a phe bai rhaid dewis gwlad arall i fyw ynddi, Iwerddon fyddai honno. Rwyf wedi bod yn croesi o Abergwaun bob blwyddyn bellach ers pum mlynedd ar hugain i'r Primin Cenedlaethol. Fel rheol mae hwn yn symud yn flynyddol ac yn cymryd tua phum can erw i'w gynnal. Un flwyddyn, pan oedd pencampwriaeth y byd yno, yn Birr yn Swydd Offaly, mae'n debyg ei fod o gwmpas wyth can erw, ac yn para am bedwar diwrnod. Ond bach iawn o'r sioe rwyf i wedi ei gweld dros y blynyddoedd am mai yno i weithio y byddwn i, ar stondin Glenside, o saith y bore hyd saith y nos. Mae llawer yn dod yn gyson o Gymru, flwyddyn ar ôl blwyddyn, ac yn cael croeso twymgalon gan eu cefndryd Gwyddelig. Nid yw'r sefyllfa economaidd cystal yn awr ag y bu, o bosib, ond mae'r wlad wedi elwa yn rhyfeddol o fod yn aelod o'r Undeb Ewropeaidd dros y blynyddoedd.

Pan own i'n gadeirydd Cyngor Tref Trefdraeth a thipyn o sôn am arian Amcan Un, fe drefnodd Siambr Fasnach Sir Benfro drip i gynrychiolwyr cynghorau i fynd draw i Iwerddon i weld a allen ni elwa o brofiad y Gwyddelod. Aeth llond bws ohonom a chael gweld cymaint oedd wedi ei gyflawni. Roedd gwesty newydd yn cael ei agor bob tair wythnos yno! Ar y pryd roedd pont Tydrath ar gau ond fedrai Cyngor Sir Penfro ddim fforddio ariannu pont ddeuol dros yr afon, dim ond un lled un cerbyd, ac fe fu ar gau am fisoedd lawer.

Yn Wexford, fodd bynnag, roedd pont hardd wedi ei chwblhau o fewn chwe wythnos, o gau'r hen bont i agor yr un newydd. Roedd am gostio pedair miliwn, mae'n debyg, ond roedd hyn yn filiwn dros y cyllid oedd ar gael, yn ôl yr hyn a ddywedwyd wrthym. Ond pa ots, gellid benthyca'r gweddill am un y cant, a mwy na thebyg, ni fyddai'n rhaid ei dalu'n ôl. Fel y dywedodd un o'r rhai oedd yn ein tywys o gwmpas, 'Rydym wedi dysgu i odro'r system'.

Yn wahanol i Gymru mae gan Iwerddon lywodraeth go iawn, ac y mae'n gallu torri ei chwys ei hunan.

Gobeithio y bydd yr Alban hefyd yn wlad rydd yn y dyfodol agos ac yn gallu gwario ei hadnoddau – nwy, olew a'i holl gyfoeth naturiol – er lles ei phobol ac nid ar ryfela, nac ar arfau dieflig, fel yw tuedd Lloegr.

Dyna wahanol yw hanes Norwy. Tra bod y wlad honno wedi darganfod yr olew tua'r un adeg â'r Alban, y maent wedi ei ddogni, ac wedi ei fuddsoddi yn eu dyfodol. Mae ganddynt gronfa o filiynau, mae'n debyg. Fe ddywedir wrthym gan y gwleidyddion Prydeinig ein bod yn byw mewn gwlad ddemocrataidd. Wel, yn fy marn i, dyw Cymru ddim yn wlad ddemocrataidd. Tra bod y mwyafrif wedi pleidleisio i'r Blaid Lafur, rydym yn cael ein llywodraethu gan y Torïaid ar hyn o bryd. Ac un enghraifft arall – cofiwch Dryweryn. Dim ond un Aelod Seneddol o Gymru (Tori) bleidleisiodd dros foddi Tryweryn, ond ei foddi fu ei ran. Dyna'r math o ddemocratiaeth sydd gennym!

Ar lefel bersonol, mae gen i gymdogion arbennig o dda ond fyddwn i ddim am weld fy mhensiwn yn mynd i'r un ohonynt, a hwythau'n talu fy miliau ac yna'n rhoi cyfran ohono yn ôl i mi yn arian poced. Ond dyma sydd yn digwydd i Gymru, yn fy marn i. Ac mae'r gyfran sydd yn dod yn ôl yn cael ei thorri flwyddyn ar ôl blwyddyn. Canlyniad hynny yw bod ein llywodraeth yng Nghaerdydd yn gorfod torri ar faint o arian mae ein cynghorau sir yn ei gael i ariannu'r dyletswyddau maent hwy'n gyfrifol amdanynt. Un o ganlyniadau hynny ar hyn o bryd yw cau tai bach cyhoeddus er mwyn arbed arian.

Brawddeg fawr Mr Cameron a'i lywodraeth oedd, 'We are all in it together', ond dydy hynny ddim yn wir. Tra bod y dyn cyffredin yn mynd i orfod talu trethi ar ystafelloedd gwely gwag, talwyd dros filiwn i wneud meithrinfa i'r Tywysog George.

'All in it together'?

'Sgersli bilif,' ys dywed Ifans y Tryc.

Wel, mae'n hen bryd i fi i roi pen ar y mwdwl hwn... i roi copsi bach ar yr helem hon. Ond sut mae gwneud hynny? Roedd dechrau yn ddigon hawdd, dim ond rhoi tro yn ôl i gell y cof roedd ei angen. Mae gwybod pryd a sut i dewi yn fwy anodd. Ond bellach, o ystumio rhywfaint ar eiriau'r bardd, 'Wedi ei fyw, bron iawn, y mae fy mywyd, a'i rawd wedi ei rhedeg hefyd'.

Felly, does ond un gair a wna'r tro – Amen.

Hefyd o'r Lolfa:

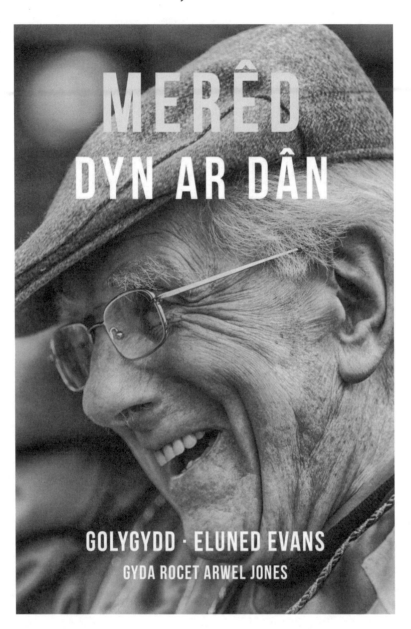

£9.99